TABLE DES MATIÈRES

MDS : 660032N1
ISBN : 978.2.215.09746.4

Dépôt légal à la date de parution.
Conforme à la loi n° 49-956 du 16 juillet 1949
sur les publications destinées à la jeunesse.
Imprimé en Italie (03-13)

POURQUOI COMMENT

PRÉHISTOIRE

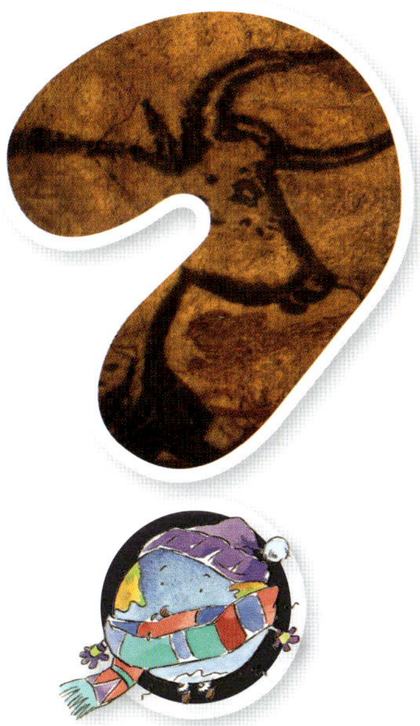

Conception :
É. Beaumont
Textes :
S. Deraime
Images :
MIA - Sergio
I. Rognoni

FLEURUS

FLEURUS ÉDITIONS, 15-27 rue Moussorgski 75018 PARIS
www.fleuruseditions.com

Les temps préhistoriques

- *La préhistoire, c'est l'histoire de l'humanité avant l'apparition de l'écriture qui date d'un peu plus de 5 000 ans.*

- *Les temps préhistoriques, eux, se mesurent en millions d'années ! Cela nous paraît démesuré, mais l'aventure humaine n'est qu'un très bref épisode de l'histoire de la Terre. Rétrécissons le temps et ramenons les 4,5 milliards d'années de notre planète à 100 ans : le plus vieil ancêtre de l'homme n'apparaît que la 99e année. Et l'homme moderne, c'est-à-dire toi ou moi, est vieux d'à peine un jour !*

Pourquoi Steven Spielberg a-t-il appelé son film sur les dinosaures, « Jurassic Park » ?

On appelle jurassique, la période comprise entre 195 millions et 135 millions d'années avant aujourd'hui. C'est une période, un chapitre, à l'intérieur de l'ère secondaire. Les dinosaures triomphent alors sur notre planète. Chaque ère est ainsi découpée en plusieurs périodes.

Comment peut-on se repérer dans cette très longue durée ?

De même que les temps historiques sont divisés en périodes (l'Antiquité, le Moyen Âge…), les temps préhistoriques sont ordonnés en ères : primaire, secondaire, tertiaire et quaternaire. Le quaternaire, dans lequel nous vivons encore, a commencé il y a à peine… 2 millions d'années.

Comment passe-t-on d'une période à l'autre ?

Le découpage chronologique raconte les grands événements de l'histoire de la Terre et des êtres vivants : la naissance d'une chaîne montagneuse ou l'extinction des dinosaures. Ces événements sont inscrits dans les couches rocheuses qui se sont empilées au fil du temps, comme les couches d'un mille-feuille. Chaque couche est différente d'une autre, et correspond à une période.

L'extinction des dinosaures représente une période précise dans les temps préhistoriques, un repère dans le cours de l'évolution des animaux.

d'années, que commence véritablement le travail du préhistorien. Tant que l'homme ne produit pas d'objets, il relève du travail du paléontologue, plus attaché à l'étude de son physique et de son comportement dans la nature.

pourquoi les ères sont-elles de plus en plus courtes en avançant dans le temps ?

C'est vrai que l'ère primaire dure 340 millions d'années, le secondaire 165 millions, et le tertiaire, “ que ” 63 millions d'années ! Les ères sont comme des tiroirs de rangement pour les scientifiques. Plus les événements sont lointains, moins ils ont de connaissances à ranger. Les périodes plus récentes sont mieux connues. Donc, il faut davantage de tiroirs !

pourquoi l'âge de pierre est-il une frontière ?

L'invention de l'outil en pierre taillée est une étape essentielle dans l'histoire de l'humanité puisqu'elle sépare définitivement les humains des grands singes. Et c'est avec cette invention, il y a plus de 2,5 millions

INCROYABLE !

- Jusqu'au XIXe siècle, la majorité des Européens croyaient que la Terre avait été créée par Dieu… il y a six mille ans. Car c'est ainsi que la Bible raconte la création (la Genèse) du monde.

Profession détective

Évidemment, les hommes préhistoriques n'ont pas écrit leurs mémoires. Pour raconter leur vie, les préhistoriens doivent se contenter de minces indices.

Ce sont d'abord des archéologues, qui fouillent le sol en quête de traces de ce lointain passé. Les premiers indices sont des éclats de pierre ou des fossiles, c'est-à-dire des empreintes ou des morceaux d'organismes vivants (plantes, animaux ou humains) conservés dans le mille-feuille du sol.

Ceux qui étudient ces fossiles pour reconstituer les formes anciennes de vie s'appellent des paléontologues.

Pourquoi le préhistorien est-il un véritable détective ?

Il ne doit négliger aucun indice ! Le plus petit bout d'os, le moindre débris de pierre peut être une mine d'informations sur l'alimentation de nos ancêtres ou la façon dont ils travaillaient. C'est comme un puzzle : les pièces dispersées ne ressemblent à rien ; l'image apparaît quand on les assemble. Sauf que là, il faut d'abord trouver les pièces !

Comment sait-il où fouiller ?

Certaines découvertes sont le fruit du hasard. Mais le plus souvent, elles résultent de plans de bataille soigneusement élaborés.

Le préhistorien étudie les informations recueillies auparavant par d'autres :

des écrits historiques mentionnant la collecte de pointes de flèche, ou des études de terrain signalant la présence d'une grotte enfouie vont attirer son attention. Il peut aussi utiliser les photographies prises par satellite ou par avion pour détecter si un terrain est éventuellement riche en fossiles.

Comment dégage-t-il les ossements ou les objets ?

Il faut bien sûr creuser pour atteindre les couches de terrain anciennes. Mais pour dégager les éventuels fossiles des couches qui l'intéressent, le préhistorien

doit se munir de petits outils, de brosses, de pinceaux... et de patience !

Comment **les ossements d'êtres vieux de millions d'années peuvent-ils avoir été conservés ?**

Après la mort, la matière vivante se décompose.

Les paléontologues essaient de reconstituer des animaux ou des êtres humains à partir de quelques os.

Il ne reste que le squelette qui, au fil du temps se transforme en pierre. Cela se produit de la même façon pour les coquilles d'œufs, celles des animaux du type escargot ou pour les bois fossilisés.

Comment **peut-on retrouver des mammouths entiers ?**

Il fait très froid en Sibérie et le sol y est gelé en permanence sur plusieurs mètres de profondeur. On peut ainsi découvrir des mammouths congelés, dont les parties molles n'ont pas eu le temps de se décomposer. Il arrive même qu'on trouve dans leur estomac les restes " surgelés " des plantes dont ils s'étaient régalés avant de mourir !

INCROYABLE !

- En 1991, des randonneurs allemands ont découvert dans les Alpes autrichiennes le corps d'un homme mort il y a plus de 3 000 ans, baptisé Ötzi par les préhistoriens.

Le passé révélé

Une fois les indices collectés, il faut les faire “ parler ” ! Le préhistorien quitte alors le chantier de fouilles pour les laboratoires, où s’accomplit une grande partie du travail.

Microscopes électroniques, scanners, accélérateurs de particules… les appareils les plus modernes sont utilisés pour analyser des échantillons parfois minuscules. La première énigme à résoudre est de déterminer “ l’âge ” des fossiles mis au jour.

Comment donner un âge à un squelette ?

On mesure sa radioactivité ! Tous les êtres contiennent du carbone 14, qui émet des rayonnements radioactifs en se désintégrant. C’est en quelque sorte un signal que les physiciens savent capter. À mesure que le temps passe, le signal s’affaiblit, ce que peuvent mesurer les appareils des scientifiques. Comme la puissance du signal diminue de manière régulière, on peut calculer l’âge du squelette.

Pourquoi les restes de feu sont-ils précieux ?

Parce que le bois brûlé, ou carbonisé, contient du carbone. Donc, on peut utiliser la méthode de datation au carbone 14 et déterminer l’âge d’un campement !

Comment date-t-on des os vieux de plusieurs millions d’années ?

Dans ce cas, on date, toujours par des méthodes de physiciens, les roches qui les entourent. On obtient ainsi un âge relatif, que l’on peut confirmer en comparant entre eux les fossiles trouvés en plusieurs endroits, dans des couches géologiques aussi vieilles.

La position du squelette et les alignements des pierres de la tombe donnent déjà une idée de l'époque à laquelle l'homme a été enterré.

Pourquoi les choses se compliquent-elles pour dater un vestige de plus de 40 000 ans ?

Au-delà de cet âge, il ne reste pratiquement plus de carbone 14. Heureusement, les scientifiques peuvent utiliser d'autres éléments présents dans les organismes comme unités de mesure. Ils datent ainsi des fossiles remontant jusqu'à 500 000 ans.

Pourquoi les outils servent-ils aussi à dater des fossiles?

À partir du moment où des humains ont commencé à fabriquer des outils, ils ont laissé davantage de témoignages de leur présence. Selon les époques et les lieux, les groupes humains avaient une façon particulière de façonner leurs outils. Si un type particulier d'outil a été bien daté et associé à une culture humaine, lorsqu'on le retrouve sur un autre site, il devient un repère chronologique permettant de donner un âge relatif à tout ce qui se trouve dans la même couche.

INCROYABLE !

- Grâce aux puissantes machines des physiciens, il suffit d'1 milligramme de charbon de bois, à peine une tête d'épingle, pour déterminer une datation.

Pourquoi les préhistoriens aiment-ils les arbres ?

Parce que, grâce aux cernes des arbres, ils peuvent dater, à l'année près, des vestiges jusqu'à 7 000 ans avant notre ère. Tu sais que chaque année, le tronc d'un arbre grossit d'un cerne. Ces ronds concentriques sont plus ou moins espacés en fonction du climat. En rassemblant leurs connaissances sur les différentes espèces d'arbres, les scientifiques ont établi un catalogue de cernes. Quand on déterre un pieu fossilisé, on peut ainsi comparer ses cernes avec le catalogue et savoir de quelle année il date !

Comment les chercheurs peuvent-ils apprendre beaucoup de choses en étudiant un excrément fossilisé ?

Il reste souvent des graines, parfois des bouts d'os ou d'arêtes de poissons dans les “ crottes ” préhistoriques. On sait ce que les populations mangeaient et dans quel environnement elles vivaient. En observant les excréments au microscope, on peut aussi trouver des vers parasites des intestins et savoir de quelles maladies souffraient les hommes préhistoriques.

Comment peut-on dessiner un paysage de la préhistoire ?

Le sol a piégé au fil du temps les pollens des plantes et des arbres, que l'on peut voir en examinant des échantillons de roche au microscope. Ces pollens disent quelles espèces végétales poussaient à tel endroit, à telle époque.

Pourquoi étudie-t-on des carottes de glace ?

On prélève dans les calottes glaciaires, aux pôles, des échantillons sur plusieurs dizaines, voire plusieurs centaines de mètres de profondeur. Ces échantillons sont appelés des carottes : en les étudiant de très près – plutôt au microscope qu'à la loupe – on y repère des débris minéraux, des fragments de plantes, des pollens, ainsi que des bulles d'air. Ces indices, piégés au fil des millénaires, permettent de connaître les climats du passé. On remonte ainsi jusqu'à 6 millions d'années en arrière.

C'est grâce aux pollens retrouvés dans des roches anciennes que l'on peut reconstituer la végétation qui existait à telle ou telle époque.

Comment étudie-t-on le cerveau des hommes préhistoriques ?

Le cerveau, mou, ne se fossilise pas. Il ne reste donc que des crânes à étudier. La forme même du crâne donne des indications sur le développement général du cerveau. On mesure aussi le volume intérieur du crâne : il détermine celui du cerveau que ce crâne pouvait abriter !

Comment peut-on le voir fonctionner ?

S'il est impossible de lire dans les pensées de nos ancêtres, on peut déterminer assez précisément quelles étaient leurs capacités intellectuelles ! En plus du volume cérébral, les scientifiques peuvent lire l'empreinte laissée par les méninges, des membranes entourant le cerveau, à l'intérieur de la boîte crânienne. En remplissant celle-ci de pâte, ils peuvent reconstituer les cerveaux disparus et observer l'évolution de l'intelligence humaine.

INCROYABLE !

● Il y a 800 000 ans, l'aiguille de ta boussole n'aurait pas indiqué le nord… mais le sud. Le champ magnétique terrestre était inversé. Ce phénomène, répété durant la préhistoire, permet de dater les couches géologiques.

Reconstitution préhistorique

- *Dans tes livres ou sur les écrans, tu peux voir vivre des hommes préhistoriques, s'animer des animaux disparus, dans des décors très réalistes. Il faut réunir le savoir de nombreux spécialistes pour avoir une vue d'ensemble.*
- *Les paléontologues reconstituent les hommes et les animaux du passé.*
- *Les paléobotanistes redonnent vie aux forêts.*
- *Les paléoclimatologues déterminent le temps qu'il faisait à l'époque des australopithèques ou de Cro-Magnon. " Paléo " vient d'un mot grec, " palaios ", qui signifie ancien.*

Comment savoir quelle était la couleur de la peau de nos ancêtres européens ?

La peau ne se conserve pas, à la différence des os. On sait seulement qu'une peau foncée protège mieux de la brûlure du soleil. L'humanité a peuplé le monde à partir de l'Afrique : les premiers hommes étaient donc noirs. Ceux qui se sont installés dans l'hémisphère Nord se sont adaptés à un climat différent. Leur peau s'est éclaircie. Mais on ne peut pas savoir combien de temps ce changement a demandé.

Pourquoi vaut-il mieux avoir été scout pour étudier la préhistoire ?

Les préhistoriens sont amenés à faire comme les hommes préhistoriques pour mieux les connaître. Certains apprennent à allumer un feu sans allumettes ni briquet. D'autres taillent le silex pour reconstituer les gestes nécessaires à la transformation d'une pierre en hache ou en couteau. Et ce n'est pas si facile !

Comment connaître les habitudes de chasse des hommes préhistoriques ?

Les premières armes de chasse que l'on a retrouvées ont "seulement" 400 000 ans. Avant, on doit se contenter des indications données par les ossements d'animaux. Mais, même lorsqu'on identifie les armes des chasseurs et leurs proies, l'organisation de la chasse reste en partie une

C'est en étudiant les tribus primitives existant encore que les scientifiques essaient d'expliquer le comportement des hommes préhistoriques.

énigme. Pour en avoir une idée plus précise, les préhistoriens se tournent vers les peuples vivant encore de la chasse, par exemple les Pygmées d'Afrique centrale.

Comment avoir accès aux croyances des hommes préhistoriques ?

Il est, bien sûr, impossible de se mettre totalement à leur place, et de savoir ce qu'ils pensaient. On peut avoir une idée de leurs croyances grâce aux sépultures retrouvées, vieilles d'environ 60 000 ans pour les plus anciennes, et aux témoignages artistiques : objets sculptés ou peintures sur les parois des grottes.

Pourquoi le préhistorien n'est-il jamais tout à fait sûr d'avoir raison ?

Le spécialiste de la préhistoire élabore des hypothèses à partir des indices accumulés et des analyses effectuées. Mais il n'a jamais de preuve formelle que son scénario est le bon. De nouvelles découvertes peuvent tout chambouler.

INCROYABLE !

- Personne n'est encore parvenu à reproduire les grandes lames de silex, longues de 60 cm, mises au jour en France, dans la région parisienne.

L'évolution

L'homme n'apparaît pas sur Terre, d'un coup de baguette magique, pareil à ce qu'il est aujourd'hui. Comme tous les êtres vivant sur notre planète, il est le résultat d'une longue série de transformations. C'est ce qu'on appelle l'évolution : depuis l'apparition de la vie, il y a environ 3,5 milliards d'années, la nature ne cesse d'inventer, de bricoler de nouvelles formes.

C'est une histoire faite de réussites et d'extinctions.

Le vainqueur est celui qui est capable de s'adapter aux changements de l'environnement.

Pourquoi aucun ancêtre de l'homme n'a-t-il jamais affronté les dinosaures ?

Les dinosaures disparaissent de la planète bien avant la naissance de la famille humaine. À l'époque où ces "terribles lézards" sont les maîtres du monde, il existe bien des mammifères, mais ces bêtes à poils, qui portent leur bébé dans leur ventre jusqu'à la naissance, ne sont pas plus grosses que des rats.

Pourquoi les premiers mammifères étaient-ils minuscules ?

Apparus il y a environ 180 millions d'années, les mammifères ne peuvent survivre près des dinosaures qu'en se faisant tout petits. De petite taille, ils sont aussi très discrets : ils ne sortent que la nuit. Le jour, ils se cachent pour se faire oublier des dinosaures carnivores.

Pourquoi les dinosaures se sont-ils éteints il y a 65 millions d'années ?

Alors que les dinosaures ont vécu dans un climat chaud et humide, il se refroidit vers la fin de leur règne. La végétation change : les herbivores, comme le diplodocus, trouvent moins facilement leurs plantes préférées… Et puis, en Inde, d'énormes volcans entrent en éruption. De monstrueux nuages de cendres masquent le soleil. Le coup fatal est porté par une météorite géante, qui s'abat sur la Terre. C'est du moins le scénario préféré des scientifiques aujourd'hui.

Après la disparition des dinosaures, les mammifères ont vu leur taille se développer, ils ont envahi toute la planète.

Comment le malheur des dinosaures a-t-il fait le bonheur des mammifères ?

Les dinosaures n'ont pas pu s'adapter aux bouleversements du climat et de la nature. Ce fut aussi le cas de nombreux autres animaux : trois espèces sur quatre disparaissent alors. La place est libre pour les survivants.

Les mammifères, qui résistent mieux aux variations de température, se dispersent sur la planète. En s'adaptant à des milieux naturels différents, ils se différencient de plus en plus les uns des autres.

Pourquoi le climat de l'ère tertiaire est-il propice aux primates ?

Après l'extinction des dinosaures, qui marque le passage à l'ère tertiaire, le climat redevient chaud et humide. De grandes forêts couvrent tous les continents : il y pousse surtout des arbres à fleurs et à fruits. Les primates, un groupe de mammifères adaptés à la vie dans les arbres, peuvent se régaler de feuilles, de fruits, mais aussi d'insectes.

INCROYABLE !

- Le plus ancien primate connu, Altiatlasius, vivait au Maroc, il y a 50 millions d'années. Cet amateur d'insectes pesait à peine 200 grammes : même pas le poids de deux yaourts !

Des singes et des hommes

- *Au XIXe siècle, un scientifique anglais, Charles Darwin, explique que les hommes et les singes sont parents. À l'époque, l'idée est plutôt mal accueillie.*

- *On connaît mieux aujourd'hui notre arbre généalogique. Un même tronc rassemble les primates : dans ce groupe, on range les lémuriens, les singes et les hommes, ainsi que leurs ancêtres. Au cours de l'évolution, les branches se séparent. Une bifurcation récente mène d'un côté aux hommes, de l'autre aux chimpanzés et aux gorilles.*

Pourquoi l'homme ne descend-il pas du singe ?

Nous ne sommes pas les descendants, c'est-à-dire les arrière-arrière-arrière… petits-enfants de chimpanzés ou de gorilles. En fait, nous avons avec ces grands singes africains des ancêtres communs.

Pourquoi le chimpanzé et le gorille sont-ils nos plus proches cousins ?

Les gènes, enfermés dans les cellules de notre corps, constituent une carte d'identité propre à chaque être ; ils sont hérités du père et de la mère. En étudiant les ressemblances et les différences, on peut retracer l'arbre généalogique des individus ou des espèces. Or, nous partageons avec les chimpanzés 98,4 % de notre patrimoine génétique et 97,7 % avec les gorilles. Ils sont plus proches de nous que des autres singes !

Comment la vie dans les arbres a-t-elle transformé les singes ?

Tous les singes actuels partagent avec l'homme des traits hérités d'une longue évolution dans les arbres. Ils ont tous des mains capables d'attraper des objets, avec un pouce séparé des autres doigts et utilisable en pince avec l'index : c'est très utile pour se suspendre aux branches ou pour cueillir et manger un fruit. Ils ont aussi la vue plus développée que l'odorat.

Les yeux sont placés sur le devant de la tête pour mieux voir du haut d'un arbre.

Le chimpanzé et le gorille ne sont pas nos ancêtres mais nous en avons certainement de communs.

Pourquoi dit-on « malin comme un singe » ?

C'est un animal très futé. Cette réputation n'est pas usurpée : le singe a un cerveau plus développé que la plupart des autres mammifères. Il sait utiliser des outils, par exemple une brindille, pour aller dénicher des insectes. Vivant souvent dans des groupes étendus, il a un système de communication complexe. Dans les laboratoires, on a même appris à des chimpanzés à utiliser le langage des hommes.

Pourquoi notre ancêtre commun ne cesse-t-il pas de vieillir ?

Les paléontologues découvrent toujours de nouveaux fossiles prétendant au titre de plus ancien représentant du rameau humain. Deux fossiles se disputent aujourd'hui la palme : Orrorin, vieux de 6 millions d'années, et Toumaï, âgé de 7 millions d'années. L'ancêtre commun à la famille humaine et à la lignée des grands singes africains se situe forcément plus loin dans le temps.

INCROYABLE !

- L'homme est le plus grand de tous les primates. Et, seul le gorille mâle, pèse plus lourd que lui.

Un primate bipède

- *La plupart des primates vivent dans les arbres et quand ils se déplacent à terre, ils utilisent à la fois les pieds et les mains. Certains, comme les chimpanzés bonobos, sont capables de marcher sur leurs membres inférieurs comme les hommes, mais ce n'est pas leur mode de déplacement habituel.*
- *Les hommes sont les seuls à marcher redressés en permanence et à pouvoir rester debout sans bouger. Dans l'évolution de l'humanité, la bipédie, cette capacité à se tenir sur ses deux pieds, est une étape très importante.*

Pourquoi ces premiers hominidés se sont-ils mis debout ?

C'est pour mieux voir au-dessus des herbes hautes de la savane, disent de nombreux scientifiques. Il y a 7 à 8 millions d'années, le climat change sur la planète : en Afrique, la forêt humide recule et la savane s'étend. L'assèchement est encore plus important à l'est de ce continent à cause d'une fracture dans l'écorce terrestre, le Rift, qui forme une barrière aux pluies. Isolé en Afrique de l'Est, un groupe d'hominidés se serait adapté à la nouvelle situation en se redressant.

Pourquoi la bipédie pourrait-elle aussi être « tombée des arbres » ?

Pour d'autres chercheurs, les premiers bipèdes ne se sont pas redressés, ils avaient déjà l'habitude de se suspendre à la verticale dans les arbres. Ils n'auraient eu qu'à lâcher les bras pour se retrouver debout au sol. L'habitude de se suspendre existe chez les singes depuis 17 millions d'années. Et on connaît un singe fossile de 9 millions d'années, l'oréopithèque, à la fois bon grimpeur et sans doute déjà capable de marcher sur deux pieds.

Pourquoi est-il avantageux d'être bipède ?

Les mains sont libres pour transporter la nourriture ou les petits. Les femelles et les petits peuvent rester à l'abri pendant que les mâles chassent. C'est aussi plus

La station debout est une étape essentielle dans l'évolution de l'humanité. Cette position aurait favorisé le développement du cerveau et donc, de l'intelligence.

facile de traverser les cours d'eau. Et si, dans la savane, on voit plus loin, la chaleur est également plus supportable lorsque le corps est redressé.

Pourquoi ne faut-il pas dire « bête comme ses pieds » ?

L'habitude de se tenir sur les pieds aurait favorisé le développement du cerveau, placé au sommet d'une colonne vertébrale verticale.

Pourquoi est-ce à la course que l'on reconnaît vraiment les humains ?

Des tests réalisés avec des chimpanzés bonobos montrent qu'ils marchent pratiquement comme nous. Mais, dès qu'il faut accélérer, les bonobos poursuivent à quatre pattes. Seul l'homme peut courir sur ses deux pieds et parcourir ainsi de longues distances.

INCROYABLE !

- Les chercheurs ont retrouvé à Laetoli, en Tanzanie, des traces de pas laissées sur 26 m, dans des cendres volcaniques, par trois australopithèques… il y a 3,6 millions d'années.

La famille australopithèque

Depuis qu'un hominidé a marché sur ses 2 pieds, la lignée des préhumains a beaucoup changé. Vers 4,2 millions d'années, en Afrique, vivent des australopithèques. Ce ne sont plus des singes, mais pas encore des humains. Ils forment une famille variée : on en a identifié au moins cinq espèces différentes. Certains ont un cerveau plus volumineux, se déplacent plus facilement au sol mais tous ont un point commun : ils sont exclusivement bipèdes.

Pourquoi l'Afrique est-elle le berceau de l'humanité ?

C'est sur le continent africain que l'on a retrouvé les plus anciens fossiles de préhumains, et aussi les plus nombreux. Mais on ne peut pas exclure que de nouvelles découvertes déplacent ce berceau. Depuis le XIXe siècle, les savants ont placé nos origines tantôt en Europe, tantôt en Asie, tantôt en Afrique…

Pourquoi Lucy est-elle célèbre ?

Découverte en Éthiopie, en 1974, par des paléontologues français et américains, cette jeune australopithèque de vingt ans se présentait sous la forme d'une moitié de squelette. C'est l'un des fossiles les plus complets qu'on ait jamais trouvé et on a appris beaucoup de choses grâce à Lucy. On a pensé à l'époque qu'elle était notre ancêtre directe, une lointaine grand-mère en quelque sorte.

Pourquoi ne la trouverait-on pas jolie ?

Lucy était grande comme un enfant de quatre ans. Elle était sans doute très poilue, avec un visage large, un nez aplati, et des mâchoires très avancées rappelant la face des singes. Elle avait des bras très longs et des jambes courtes. Pas tout à fait un physique de top-modèle !

Pourquoi Lucy ne tenait-elle pas en place ?

La forme de son squelette indique qu'elle n'était pas encore très stable sur ses deux pieds. Vu de profil, son corps était très plat, elle n'avait pas de fesses rondes. C'est un vrai handicap pour rester debout immobile.

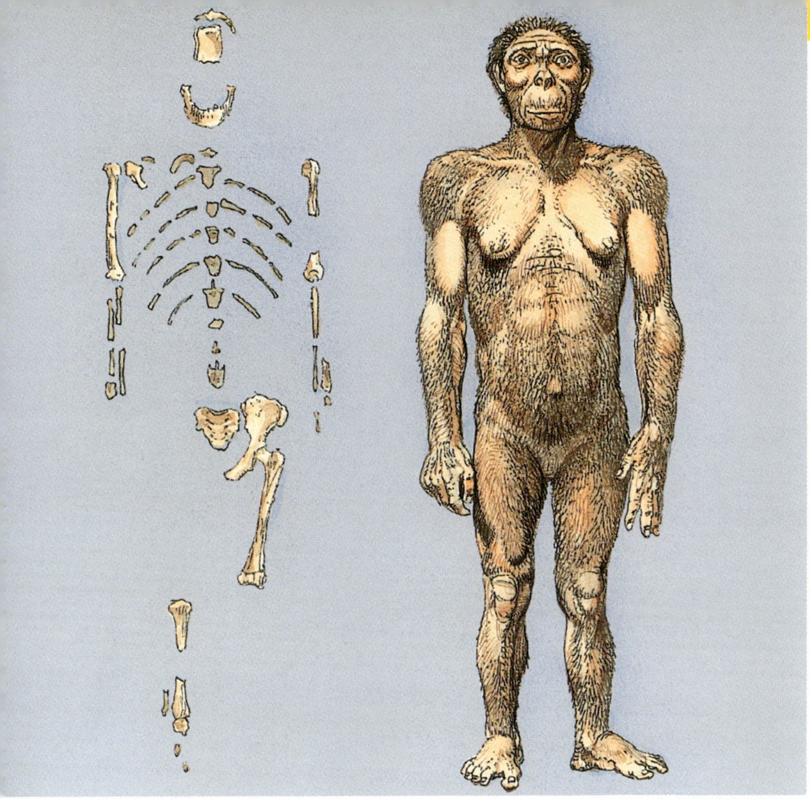

Pourquoi certains australopithèques se distinguent-ils par leur crête ?

Plusieurs de ces préhumains portaient sur le crâne une sorte de crête osseuse. Ils font partie du groupe des australopithèques robustes qu'on appelle aussi paranthropes, ce qui veut dire “ presque hommes ”.

Quand elle ne marchait pas, elle devait s'asseoir ou s'accroupir.

C'est à partir de fragments de son squelette, retrouvés en 1974, que les scientifiques ont reconstitué Lucy.

Elle devait balancer beaucoup les bras et rouler des hanches pour avancer, ou déplacer sans cesse son poids d'un pied sur l'autre.

Pourquoi marchait-elle en se dandinant ?

Son corps ne s'était pas transformé au point de lui permettre de marcher comme le font les humains.

INCROYABLE !

- Le crâne du premier australopithèque connu a failli disparaître à jamais : son découvreur l'avait un jour oublié dans un taxi, à Londres. Il fallut faire appel aux policiers de Scotland Yard pour le retrouver.

La vie des australopithèques

- *Les australopithèques ont abandonné la grande forêt tropicale aux chimpanzés et aux gorilles. Ils vivent dans une savane assez humide, parsemée d'arbres encore assez nombreux. Ils aiment les bords de rivières ou de lacs où poussent des forêts-galeries.*

- *Rassemblés en petites bandes, ils bougent beaucoup, en quête de nourriture, mais ne s'aventurent guère dans la grande savane herbeuse, où les arbres sont plus rares et le danger plus grand.*

Pourquoi ont-ils souvent peur ?

Ils sont entourés de redoutables prédateurs comme le guépard géant ou le tigre à dents de sabre. Ces carnivores sont bien mieux armés qu'eux : les australopithèques n'ont ni grandes dents, ni griffes puissantes. Et les plus grands, qu'on trouve parmi les robustes, mesurent tout au plus 1,45 m et pèsent au maximum 60 kg.

Comment se défendent-ils quand ils sont attaqués ?

S'ils se sentent assez forts, ils peuvent essayer de faire fuir l'ennemi. Ils se dressent le plus possible pour l'intimider, hurlent, et lui lancent toutes sortes de projectiles : pierres, branches ou os. Ce n'est pas toujours efficace… et beaucoup se font dévorer.

Pourquoi prennent-ils de gros risques en s'éloignant des arbres ?

Si le prédateur est décidément trop gourmand, mieux vaut abandonner le terrain. Mais, si les australopithèques peuvent marcher vite, ils sont incapables de courir. La prudence leur commande d'avoir toujours un arbre à portée de bras, pour y grimper le plus vite possible !

Pourquoi ne sont-ils pas nombreux ?

Les australopithèques ne vivent pas très vieux, sans doute pas plus que les chimpanzés dont la durée de vie est de 40 ans. Beaucoup meurent jeunes, victimes d'un prédateur, d'une chute… ou tués par un autre australopithèque. Ces préhumains ne sont pas forcément des créatures pacifiques : ils se battent entre eux, pour obtenir les faveurs d'une femelle, ou pour affirmer leur pouvoir sur un territoire.

Les australopithèques se réfugiaient dans les arbres pour échapper aux redoutables lions à dents de sabre.

Comment dorment-ils ?

Ils s'installent le plus confortablement possible… dans les arbres. C'est le meilleur refuge pour dormir tranquille et les australopithèques passent encore pas mal de temps dans les branches.

Comment se parlent-ils ?

Ils ne parlent pas : ils crient et grognent comme les singes. Les sons constituent leur langage, enrichi de nombreuses mimiques.

INCROYABLE !

- Le tigre à dents de sabre avait des canines longues de 15 cm et très coupantes. Elles sortaient de sa gueule, comme des défenses.

Le repas des australopithèques

- *Pour les singes, un arbre est tout à la fois une maison et un garde-manger regorgeant de bonnes choses : de tendres bourgeons, des fruits et aussi des insectes. En milieu tropical, le repas est assuré sans problème toute l'année : les arbres sont toujours verts.*
- *L'homme est le seul primate à être définitivement descendu des arbres. En adoptant un régime alimentaire varié, il a pu vivre dans toutes sortes de milieux naturels. Une première étape a été franchie par certains australopithèques, dans la savane.*

Pourquoi les australopithèques ont-ils des mâchoires puissantes ?

C'est pour mieux mastiquer les fruits, les graines, les feuilles, les noix et les racines dont ils se nourrissent.

Pourquoi les australopithèques robustes ont-ils de si grosses dents ?

Parce qu'ils vivent, à partir de 2,7 millions d'années, sous un climat plus sec. La savane est plus ouverte, moins arborée. Ils mangent moins de bourgeons et davantage de racines de plantes. C'est bon pour la santé mais très coriace, surtout quand on les mange crues !

Comment déterrent-ils les racines ?

Sans doute utilisent-ils des bâtons pour creuser le sol, comme le font les Pygmées d'Afrique qui ne pratiquent pas l'agriculture et mangent les plantes disponibles à l'état sauvage dans la forêt équatoriale. Les bâtons à fouir des australopithèques pouvaient d'ailleurs être constitués d'un grand os, comme ceux qu'on a découverts dans des grottes d'Afrique du Sud.

Comment les australopithèques ouvrent-ils les noix ?

À défaut de casse-noix, ils les ouvrent en les frappant avec une pierre. C'est un geste assez courant chez les singes. C'est aussi avec

Les australopithèques se nourrissaient d'animaux tués par les fauves, mais ils n'étaient pas les seuls à vouloir se les approprier.

des pierres qu'ils assomment les petits animaux, des rongeurs et parfois même des singes, qui complètent à l'occasion leur menu.

Comment un australopithèque se procure-t-il de la viande d'antilope ?

Il la vole, car il est bien incapable de tuer un animal si rapide à la course ! Il laisse les grands animaux carnivores chasser à sa place et se sert quand tout est fini. Évidemment, il doit disputer son steak aux autres charognards, mangeurs de viande morte comme lui. Il éloigne les hyènes avec des pierres et des gros bâtons.

Pourquoi le changement de menu est-il si important ?

Les mangeurs de viande ne dépendent plus exclusivement des plantes pour se nourrir. Ils peuvent mieux s'adapter à la sécheresse. La viande est aussi un aliment plus riche, plus énergétique : l'augmentation de sa consommation a certainement favorisé le développement du cerveau.

INCROYABLE !

- Sous le microscope, les dents révèlent ce qu'elles ont coupé et broyé il y a plusieurs millions d'années grâce aux marques d'usure laissées par les aliments.

Les premiers hommes

- *Des paléontologues, en 1964, décrivent un fossile pas comme les autres, mis au jour dans les gorges d'Olduvai, en Tanzanie. Ils appellent cet hominidé Homo habilis. Ce nom signifie " l'homme habile ".*

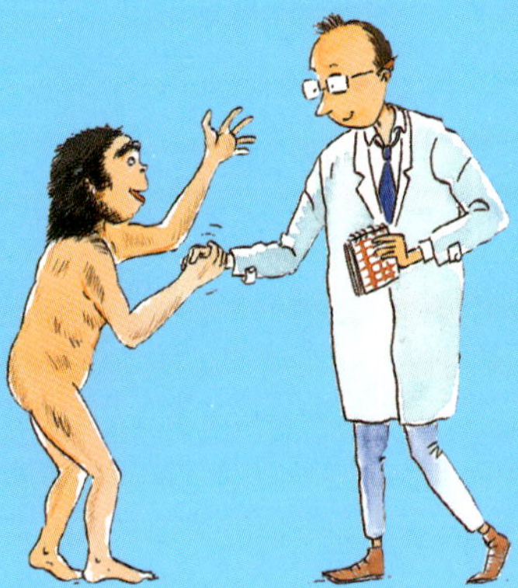

- *Il apparaît en Afrique il y a 2,5 millions d'années. Avec ce premier représentant du genre humain, une nouvelle étape est franchie dans l'évolution de notre lignée. Les premiers hommes vont vivre un million d'années dans les mêmes régions que les australopithèques.*

Comment les " hommes habiles " parviennent-ils à éliminer les australopithèques ?

Ils ne les éliminent pas. En fait, ils disparaissent avant les paranthropes, derniers représentants des australopithèques. Le fossile le plus récent d'Homo habilis est vieux d'1,6 million d'années tandis que les paranthropes quittent la scène, sans que l'on sache très bien comment ni pourquoi, il y a un million d'années.

Comment distingue-t-on un homme d'un paranthrope?

Ce n'est pas toujours facile, avouent les paléontologues. Ils ont en effet des ancêtres communs pas très éloignés dans le passé, et les premiers hommes présentent une assez grande diversité. Tout de même, pour une taille équivalente, ces premiers hommes ont un plus gros cerveau : il atteint jusqu'à 775 cm^3 quand celui des paranthropes ne dépasse pas 600 cm^3.

Pourquoi " l'homme habile " est-il le premier à mériter le nom d'homme ?

Pour les scientifiques, ce volume cérébral de 600 cm^3 marque la séparation entre les hommes et le reste du groupe des hominidés. L'homme habile a la tête plus pleine mais aussi mieux faite : son cerveau est plus évolué. Il est capable de tâches plus compliquées. Mais d'autres spécialistes jugent que ni " l'homme

habile ", ni même son cousin, ne sont encore vraiment dignes du statut d'humain.

Pourquoi le dit-on habile ?

Il doit d'abord ce qualificatif à sa main. Elle garde certaines particularités dues à une longue évolution dans les arbres, mais elle commence à ressembler

L'Homo habilis a commencé à tailler des pierres pour fabriquer des outils.

à la nôtre : les doigts raccourcissent et sont plus " carrés " au bout. Surtout, le pouce " tourne " et peut venir toucher les autres doigts. Cette main peut donc mieux manipuler les objets, en particulier les pierres.

Pourquoi le présente-t-on souvent comme le premier artisan ?

Le premier squelette " d'homme habile " a été trouvé sur le site même où avaient été découverts, une trentaine d'années plus tôt, des outils taillés. Il était logique d'attribuer ces outils à cet homme à la main habile. Ce lien explique le nom d'Homo habilis.

INCROYABLE !

- Les scientifiques pensent aujourd'hui que les premiers hommes n'étaient pas tous semblables : " l'homme habile " avait un proche cousin, l'homme du lac Rodolphe, nommé Homo rudolfensis.

Les premiers outils

Certains animaux, et pas seulement nos cousins les grands singes, utilisent des objets pour se procurer de la nourriture. Une fois le repas consommé, l'outil est abandonné. Les australopithèques utilisaient certainement des pierres, des os, des bouts de bois, trouvés dans la nature. Un nouvel épisode de l'histoire de l'humanité a commencé quand un hominidé a eu l'idée de fabriquer lui-même ses outils. Les plus anciens outils de pierre taillée connus ont 2,5 millions d'années. La civilisation paléolithique, " l'âge de pierre ancien ", commence alors.

Pourquoi les plus anciens outils manufacturés sont-ils en pierre ?

Les premiers artisans ont sans doute taillé des outils dans du bois, mais ceux-ci ne sont pas parvenus jusqu'à nous. À la différence des matières végétales, la pierre ne se décompose pas. Les premiers couperets, couteaux et grattoirs ont été d'autant mieux conservés qu'ils sont façonnés dans des pierres dures, comme le quartz ou le silex.

Pourquoi les derniers australopithèques n'auraient-ils pas su eux aussi tailler la pierre ?

En fait, rien ne permet de dire que les premiers hommes étaient seuls à tailler des outils. Il est même possible que " l'homme habile " n'ait pas été le tout premier artisan. Dans les dix dernières années, les chercheurs ont découvert, en différents lieux, plusieurs fossiles d'australopithèques robustes, contemporains des premiers hommes, à côté d'outils fabriqués. Au moins quatre espèces d'hominidés se disputent le titre d'inventeur de l'outil taillé.

Comment l'idée de fabriquer des outils a-t-elle pu germer dans la tête du premier artisan ?

Les pensées se conservent encore plus mal que les cerveaux ! Mais après avoir observé les chimpanzés, les scientifiques ont imaginé un scénario. Lorsqu'un

Quand un hominidé a eu l'idée de créer ses propres outils, l'humanité a fait un grand pas.

chimpanzé frappe une noix avec une pierre, il arrive qu'un fragment de pierre se détache. Cet éclat est coupant ; si le chimpanzé le remarque, il sait en faire bon usage. Le premier artisan se comportait de même, jusqu'au jour où il tenta d'obtenir volontairement un éclat coupant. C'était tout de même plus pratique que de s'en remettre au hasard !

Pourquoi le premier artisan ne serait-il pas une femme ?

Pourquoi pas, en effet… La plupart des préhistoriens pensent que ce sont les hommes (ou les mâles australopithèques) qui ont fabriqué les premiers outils, pour débiter les carcasses d'animaux. Mais les traces observées au microscope électronique sur certains outils préhistoriques montrent qu'ils ont plutôt été utilisés sur des végétaux. Si les femmes étaient chargées de la cueillette des plantes, elles pourraient tout aussi bien être à l'origine de cette invention. C'est ce que suggèrent certains chercheurs.

INCROYABLE !

- En répétant les gestes des premiers artisans, des préhistoriens ont constaté que ces tailleurs de pierre étaient tous droitiers alors que la plupart des primates utilisent indifféremment les deux mains.

Comment les premiers artisans taillent-ils leurs outils ?

Prendre, dans la main gauche, un galet bien rond ou un bloc de pierre de la grosseur d'un poing. Saisir dans la main droite une pierre bien dure, qui servira de percuteur. Frapper la première avec la seconde. Avec beaucoup d'entraînement, on parviendra à détacher plusieurs éclats bien tranchants. Ce qui reste dans la main gauche est un galet aménagé, typique des plus anciennes industries humaines.

Comment distinguer un chopper d'un chopping-tool ?

Ce galet aménagé constitue une sorte de hache, tranchante à une extrémité, ronde à l'autre extrémité, ce qui permet de mieux tenir l'outil. Si ce couperet est tranchant sur une seule face, c'est un chopper ; si des éclats ont été débités sur les deux faces, c'est un chopping-tool.

Comment se sert-on de ces outils ?

Chopper ou chopping-tool peuvent être utilisés pour ouvrir des noix, broyer des racines, mais aussi pour désarticuler une carcasse et briser les os. Les éclats tranchants sont très efficaces pour découper la peau comme la chair de l'animal et séparer les os, ou encore pour râper et éplucher des végétaux. Les préhistoriens ont également constaté que les premiers artisans avaient utilisé des éclats pour couper des graminées, herbes comestibles de la savane, et travailler le bois.

Pourquoi ces premiers artisans taillent-ils des boules à facettes ?

Au temps du galet aménagé, on trouve aussi beaucoup de pierres taillées sur toutes leurs faces jusqu'à avoir la forme d'une boule ou d'une sphère. Les facettes restent apparentes. Ces drôles d'outils servaient comme percuteurs ou comme projectiles, utilisés par exemple pour tuer de petits animaux.

Comment se procurent-ils la matière première ?

Sans doute se contentaient ils d'abord des pierres à portée de main. Mais ils ont rapidement appris à repérer les gisements de pierres de bonne qualité. Une équipe de chercheurs a reconstitué l'expédition

Les Homo habilis projetaient des galets à plusieurs facettes sur leurs proies pour les assommer.

d'un groupe, il y a 2,34 millions d'années, à travers les hautes herbes de la savane. Ils étaient allés chercher des blocs de pierre volcanique, au bord du lac Turkana, au Kenya. Puis ils se sont installés sur une plage de sable, un peu plus loin à Lokalelei, pour tailler leurs outils.

Pourquoi peut-on dire qu'ils étaient perfectionnistes ?

Ces artisans de Lokalelei ont laissé derrière eux un véritable atelier de taille. Une aubaine pour les archéologues qui ont compté plus de 3 000 morceaux et éclats de pierre sur une petite surface de 10 m^2. Ils ont pu reconstituer les gestes de ces artisans, en assemblant, éclat après éclat, une soixantaine de blocs de pierre ! Et ils ont constaté que ces gestes étaient précis et témoignaient d'une bonne connaissance des propriétés physiques de la pierre. Après avoir bien travaillé, ces lointains tailleurs de pierre emportaient les outils les plus efficaces.

INCROYABLE !

- Les tailleurs de Lokalelei pouvaient obtenir plus d'une trentaine d'éclats minces et coupants à partir d'un seul bloc.

Dans la savane

Il y a 3 millions d'années, le climat de la planète a commencé à changer. Tandis qu'au pôle nord, une calotte de glace se formait, l'Afrique entrait dans une longue période de sécheresse, renforcée à l'est du continent par un nouvel écartement du Rift.

Dotés d'outils, plus aptes à innover grâce à un cerveau plus développé, les premiers hommes peuvent réagir aux transformations de l'environnement. Au cours du million d'années qui suit l'invention de l'outil taillé, ils s'éloignent davantage des arbres.

Pourquoi les premiers hommes n'ont-ils pas faim durant la période la plus sèche de l'année ?

Pour eux, c'est l'abondance ! Il y a peut-être moins de plantes et de fruits à manger mais davantage de viande au menu. En effet, beaucoup d'animaux herbivores meurent durant cette saison, où les herbes roussissent. La viande prend donc une part de plus en plus importante dans leur régime alimentaire.

Pourquoi n'ont-ils pas toujours de la viande fraîche au menu ?

Ils sont encore principalement charognards car ils ne possèdent pas d'armes assez puissantes pour tuer de grands animaux. D'ailleurs, pourquoi prendraient-ils des risques quand ils peuvent se régaler assez facilement d'un éléphant ou d'un hippopotame mort naturellement ?

Pourquoi brisent-ils les os des carcasses ?

Rien ne se perd et surtout pas la moelle qu'on trouve à l'intérieur des os. Même

Les premiers abris étaient certainement constitués de branches, mais malheureusement on n'en a aucune trace.

si la viande ne manque pas, il faut se déplacer et faire preuve d'une bonne connaissance de la savane pour la trouver. Quand on doit faire des efforts pour trouver à manger, il n'est pas question de gâcher la nourriture.

Comment se défendent-ils de la concurrence des autres carnivores ?

S'ils sont mauvais chasseurs, les premiers hommes ont des atouts incontestables pour défendre leur steak. Grâce à leurs outils, ils peuvent dépecer et découper la carcasse plus facilement qu'avec les dents. Leur travail est d'autant plus rapide qu'ils apprennent à agir en commun. Ils peuvent donc se servir en quantité avant que les hyènes arrivent pour leur disputer le festin.

Pourquoi leur statut de bipède leur garantit-il aussi de bons gigots ?

Comme ils n'utilisent pas leurs mains pour se déplacer, ils peuvent transporter des quartiers de viande, jusqu'à un endroit où manger à l'abri des importuns.

INCROYABLE !

- À Olduvai, en Tanzanie, les préhistoriens ont découvert un cercle de pierres de 5 m de diamètre. Ils pensent qu'il entourait une hutte de branchages construite par des Homo habilis il y a 1,8 million d'années.

De grands hommes

- *Il y a 1,9 million d'années, des hommes différents voient le jour dans la savane africaine. Ils se distinguent d'abord par leur taille : 1,70 m en moyenne pour monsieur Homo ergaster. Autant dire qu'ils dépassent de la tête et des épaules les autres hominidés, premiers hommes et derniers australopithèques. Ceux-là s'éteignent il y a environ 1 million d'années, tandis que les grands hommes, plus évolués, poursuivent l'aventure humaine.*

- *On les repère en Asie, sous le nom d'Homo erectus, et en Europe, où ils sont parfois appelés Homo heidelbergensis.*

Pourquoi a-t-on baptisé Homo erectus " l'homme debout " alors qu'il n'est pas le premier bipède ?

Les premiers ossements fossiles de ces nouveaux hommes ont été découverts sur l'île de Java, en Indonésie, en 1890-1891, soit bien avant que les paléontologues aient fait connaissance avec Lucy ou Orrorin ! Il s'agissait d'un crâne et d'un fémur : l'os de la cuisse. Le fémur appartenait sans aucun doute à un être se tenant parfaitement droit, d'où le qualificatif " d'erectus ", " debout ".

Pourquoi Homo erectus est-il aussi appelé pithécanthrope ?

Le crâne trouvé à Java ressemblait par certains aspects à celui d'un singe, par d'autres, à celui d'un homme. Son découvreur, Eugène Dubois, appela cette créature " pithécanthrope ", ce qui veut dire homme-singe.

Pourquoi le découvreur d'Homo erectus avait-il presque tout faux ?

En fait, le pithécanthrope est tout à fait un homme ; on l'a donc replacé dans le genre Homo. Mais le fémur n'était pas le sien, comme l'ont montré des analyses plus récentes. C'est celui d'un homme moderne, un Homo sapiens comme nous. On a tout de même laissé à l'homme de Java le nom d'Homo erectus.

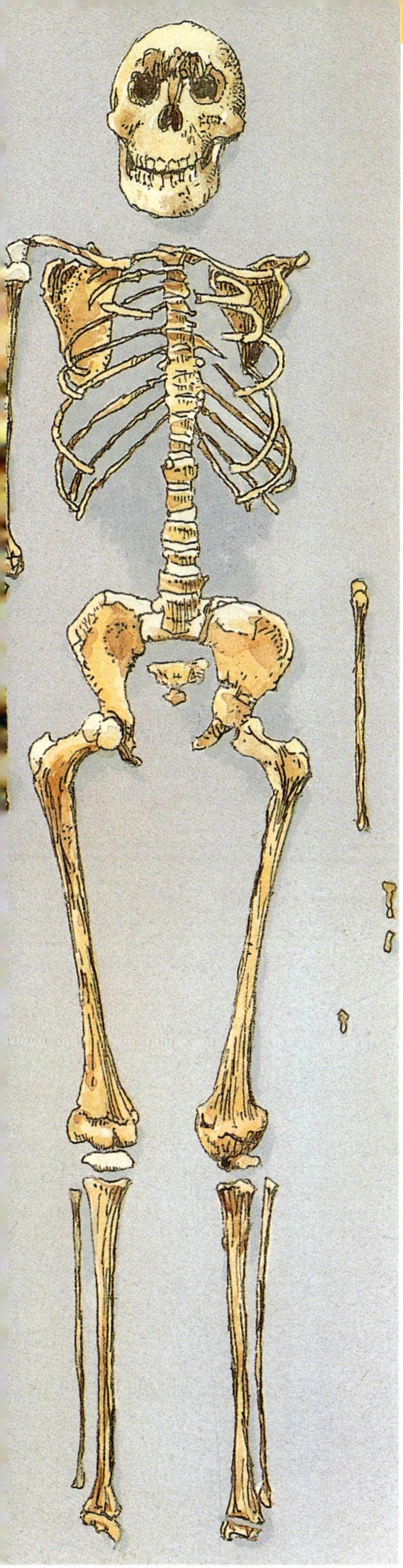

Squelette reconstitué de Homo ergaster dont les os ont été retrouvés en Tanzanie.

Pourquoi Homo Ergaster a-t-il pris la place d'Homo erectus dans notre arbre généalogique ?

Dans beaucoup de livres, on peut lire qu'Homo erectus a succédé à Homo Habilis. C'est exact, mais entre ces deux-là s'est glissé, depuis 1975, Homo ergaster. Et, de plus en plus de préhistoriens pensent que cet Homo ergaster est l'ancêtre direct de l'homme moderne. Homo erectus ne serait que son rejeton asiatique.

Comment l'histoire d'Homo erectus finit-elle ?

Homo erectus se serait éteint sans descendance il y a 300 000 ans, en Asie, tandis que l'autre branche de la famille donnait

naissance, en Europe, à l'homme de Neandertal. Pendant ce temps-là, sur le tronc africain apparaissait un nouveau rameau, Homo sapiens, descendant des Homo ergaster restés au bercail… Au fur et à mesure des découvertes, notre arbre généalogique se complique !

INCROYABLE !

• Homo ergaster est bien connu grâce au squelette presque complet découvert à Nariokotone, en Tanzanie. C'est celui d'un adolescent de 12 ans, qui mesure 1,62 m. Adulte, il aurait atteint 1,80 m.

La découverte du monde

- *Plus rapides, plus endurants et plus intelligents, les grands hommes vont rapidement s'aventurer hors du berceau africain. On suit leurs migrations grâce à des ossements fossiles et plus souvent grâce à leurs outils en pierre.*
- *Des hommes sont présents en Indonésie, il y a 1,8 million d'années, et en Géorgie, entre Europe et Asie, dès 1,7 million d'années. D'autres, explorateurs taillent des outils en Espagne 500 000 ans plus tard. Il faudra encore 1,5 million d'années pour que la France, l'Allemagne et l'Angleterre soient également colonisées.*

Pourquoi les hommes quittent-ils l'Afrique ?

Ils sont peut-être poussés par la curiosité, plus sûrement par la nécessité de manger ! Ils suivent leur gibier : au début de l'ère quaternaire, il y a environ 2 millions d'années, l'assèchement toujours croissant du climat africain entraîne de grandes migrations d'animaux !

Comment conquièrent-ils le monde ?

Sur la pointe des pieds ! Les premiers explorateurs n'ont pas d'autre moyen de transport que leurs pieds et quittent leur terre natale par petits groupes. Cela n'a rien à voir avec le déferlement d'armées conquérantes. Certains

groupes d'émigrants s'installent, prospèrent et leurs descendants vont éventuellement un peu plus loin. D'autres ne parviennent pas à survivre et s'éteignent.

Pourquoi Homo ergaster atteint-il facilement le Proche-Orient ?

On a trouvé à Ubeidiya, dans l'actuel Israël, des outils, des restes d'animaux et des ossements humains datés d'environ 1,4 million d'années. D'autres hommes étaient sans doute passés

Les Homo erectus ont quitté progressivement l'Afrique par petits groupes pour conquérir toute la planète.

avant par la vallée du fleuve Jourdain : c'est le chemin naturel pour quitter l'Afrique, dans le prolongement de la vallée du Rift, où vivent les premiers Homo ergaster connus.

Pourquoi les plus anciens sites européens se trouvent-ils dans la moitié sud du continent ?

S'ils sont audacieux, ces premiers colons n'ont pas une capacité d'adaptation illimitée. Ils peuplent les zones tropicales de l'Asie, s'avancent jusque dans les régions méditerranéennes mais ne dépassent pas avant 500 000 ans une ligne passant au nord des Alpes. La forêt tempérée qui pousse sous ces latitudes moyennes diffère vraiment trop des paysages ouverts auxquels ils sont habitués.

Pourquoi les grands hommes n'ont-ils pas eu besoin de se mouiller pour coloniser l'Indonésie ?

Lorsqu'ils arrivent en Asie du sud-est, les îles indonésiennes n'en sont pas ! Java et Sumatra, occupées très tôt par ces immigrants, sont alors reliées au continent asiatique : pas besoin de savoir nager.

INCROYABLE !

- Les préhistoriens ont calculé qu'il fallait moins de 15 000 ans pour qu'un groupe de chasseurs-cueilleurs arrive d'Afrique orientale jusqu'en Europe centrale.

Comment allume-t-on un feu sans allumettes ni briquet à gaz ?

Le moyen le plus efficace est de frapper un silex avec une pierre contenant du fer, par exemple de la marcassite ou mieux, de la pyrite, appelée pierre à feu. Des étincelles jaillissent avec lesquelles on peut enflammer des herbes ou du bois sec. L'autre méthode consiste à frotter très vite un morceau de bois tendre contre un morceau de bois plus dur.

Pourquoi le feu transforme-t-il l'habitation ?

Le feu assure la sécurité, en éloignant les animaux ; il dispense aussi de la lumière et de la chaleur. C'est autour de lui que s'organisent la vie et l'habitat. Dès que les occupants d'un lieu utilisent le feu, on voit apparaître une séparation plus nette entre l'espace réservé au repos et le foyer autour duquel on fait la cuisine .

Comment les foyers sont-ils installés ?

Le feu brûle généralement dans de petites cavités creusées dans le sol. Une bordure de pierres

protège le foyer du vent. Parfois, le foyer est aménagé sur un dallage de galets, comme à Terra Amata, un campement de chasseurs de cerfs et d'éléphants établi sur une plage du sud de la France, il y a environ 380 000 ans.

Comment la découverte du rôti a-t-elle augmenté l'intelligence humaine ?

La cuisson n'a sans doute pas été le premier usage du feu. Mais les hommes ont fini par découvrir que la viande cuite se mâche plus facilement et se digère beaucoup mieux. Le temps jusqu'alors consacré au repas et à la sieste pouvait l'être à d'autres occupations. Surtout, l'énergie économisée par le corps lors de la digestion pouvait être utilisée par le cerveau, qui consomme un quart de l'énergie totale produite par notre organisme à partir des aliments.

Pourquoi le feu favorise-t-il la colonisation de la planète ?

L'apparition de foyers entretenus coïncide avec l'installation des hommes au-delà des régions les plus méridionales de l'Europe

En utilisant des branches noircies par le feu, les premiers hommes se sont aperçus qu'elles étaient beaucoup plus solides. Ils ont donc passé à la flamme les pointes de leurs lances pour les rendre plus résistantes.

Or, les occupants du Lazaret ont ramassé et brûlé des branches de feuillus, qui donnent des feux plus vifs, éclairant mieux. C'est un signe d'une très bonne gestion du feu dès ces temps reculés.

et de l'Asie, alors même que commencent les temps glaciaires. Sans le feu, les hommes n'auraient pu survivre dans un environnement beaucoup plus froid que le berceau africain.

Pourquoi le feu rend-il les armes plus efficaces ?

Passée à la flamme, la pointe des épieux de bois dont se servent les chasseurs est beaucoup plus dure. Elle transperce plus facilement la peau des animaux.

Pourquoi les habitants de la grotte du Lazaret recherchent-ils les feuillus ?

Autour de cette grotte méditerranéenne poussent surtout des arbres de la famille des résineux.

INCROYABLE !

- Les premiers agriculteurs ont inventé le briquet : entre une lame de silex et un morceau de pyrite, ils glissaient de l'amadou, une substance inflammable provenant d'un champignon du chêne.

La culture du biface

• *L'homme se transforme et ses techniques progressent. Vers 1,4 million d'années, en Afrique, les couperets grossièrement taillés se transforment en bifaces, des outils en forme d'amande ou de triangle. Ces outils, mieux finis, se répandent au fil des migrations d'Homo ergaster et de ses successeurs : on les trouve il y a environ 700 000 ans en Espagne et en France.*

• *Les préhistoriens ont étudié la vallée de la Somme, dans le nord de la France. Le site de Saint-Acheul a donné son nom à cette culture du biface : l'acheuléen.*

Comment fabrique-t-on un biface ?

Comme son nom le suggère, le biface est un bloc de pierre taillé sur ses deux faces, donc plus allongé. Sa base reste arrondie pour que l'outil tienne bien en main, l'extrémité est taillée en pointe.

Pourquoi est-ce plus efficace ?

Le biface est travaillé pour être tranchant sur tout son pourtour. C'est un excellent couteau, mais il peut aussi servir comme pic ou comme pointe de lance, fixé à l'extrémité d'une tige. Il est surtout utilisé comme hache. On trouve aussi, avec les bifaces, des hachereaux, dont le tranchant très effilé est perpendiculaire à l'axe : c'est très efficace pour sectionner les articulations du gibier ou même pour creuser la terre.

Comment les hommes de l'acheuléen parviennent-ils à produire des bifaces plus minces et plus réguliers ?

Au fil des millénaires, les bifaces présentent une symétrie de plus en plus parfaite.

Au fil des années, l'Homo erectus perfectionne la taille des bifaces, elle devient de plus en plus précise.

La taille s'est améliorée pour gagner en précision : les artisans utilisent pour les finitions un percuteur tendre, un morceau de bois, d'os ou de corne. Cette technique qui apparaît vers 1 million d'années en Afrique sera utilisée beaucoup plus tard en Europe.

Pourquoi savent-ils se montrer économes ?

Il y a environ 340 000 ans, une technique, apparue d'abord en Afrique, se retrouve sur de nombreux sites du sud de l'Europe. Elle est appelée débitage Levallois, parce que c'est dans cette commune de la région parisienne qu'un préhistorien l'a mise en évidence la première fois. Les blocs de pierre sont préparés pour en détacher toute une série d'éclats dont la forme a été déterminée à l'avance. On obtient ainsi les racloirs et grattoirs voulus, mais en plus, un même bloc de pierre permet de produire un plus grand nombre d'outils.

INCROYABLE !

- On ne trouve quasiment pas de bifaces en Extrême-Orient, où vivaient pourtant des Homo erectus. Ils ont sans doute quitté l'Afrique avant l'invention du biface.

Des chasseurs-cueilleurs

- *Leurs dents le montrent : Homo ergaster et ses successeurs sont définitivement omnivores. La viande tient une place essentielle dans leur alimentation.*
- *Ces grands hommes sont de bons chasseurs : ils peuvent accrocher à leur tableau de chasse de grands herbivores, que ce soient des colosses comme l'ancêtre de l'éléphant, ou des proies rapides comme le cheval. C'est qu'ils sont mieux armés, plus malins et surtout qu'ils savent unir leurs forces.*

Pourquoi ces grands hommes sont-ils avantagés par leurs jambes ?

Ils ont de plus longues jambes que les premiers hommes. En fait, Homo ergaster est le premier à pouvoir faire un sprint sans poser les mains par terre, ce qui lui donne un avantage certain à la chasse. En revanche, il ne peut plus rivaliser avec ses cousins singes pour grimper aux arbres !

Pourquoi les chasseurs de Schöningen auraient-ils pu participer aux jeux Olympiques ?

Ces chasseurs, qui vivaient au bord d'un lac d'Allemagne il y a environ 400 000 ans, utilisaient des lances ressemblant tout à fait aux javelots que les athlètes modernes lancent dans les compétitions olympiques. On a retrouvé deux de ces armes intactes : longues de plus de 2 m, elles ont une forme en fuseau et leur centre de gravité - leur point d'équilibre - est situé au tiers de l'arme en partant de la pointe. Ce qui en fait des armes de jet très performantes.

Comment les chasseurs acheuléens peuvent-ils prendre des éléphants et des rhinocéros ?

Ils construisent des fosses, recouvertes de branchages et d'herbes pour les piéger. Ils s'attaquent de préférence aux jeunes. Qu'ils tuent des animaux pris au piège ou des proies à la course, il leur faut chasser ensemble.

Les chasseurs Homo erectus ont abandonné les projectiles de pierre pour les lances.

Pourquoi les femmes ne restent-elles jamais les bras croisés en attendant le repas ?

Même si elles ne chassent pas, elles participent activement à l'approvisionnement de la famille et du groupe. C'est à elles qu'il revient de compléter le menu de fruits, de plantes et de champignons.

Comment les femmes et les enfants participent-ils à la chasse ?

Si la chasse est surtout une activité masculine, il est possible que tout le groupe soit mobilisé pour certaines chasses collectives. Si on prend pour exemple les pratiques des peuples de chasseurs contemporains, les femmes et les enfants les plus âgés jouent le rôle de rabatteurs : leurs cris et leurs gestes doivent effrayer le gibier pour qu'il se précipite tout droit vers les hommes, cachés et armés.

INCROYABLE !

- Au fond des fosses-pièges, les chasseurs préhistoriques plaçaient parfois des pieux de bois ou des défenses de mammouth. L'animal qui tombait dans le piège venait s'empaler sur ces pointes.

Campements de chasseurs

On imagine souvent les hommes préhistoriques comme des nomades, errant sur les traces du gibier, s'abritant dans les grottes qu'ils trouvent sur leur chemin. En fait, ils se déplacent à l'intérieur d'un territoire assez limité, retrouvant d'une saison à l'autre les mêmes campements, et peuvent même s'installer quelque part pour plusieurs années.

Certains vivent dans des grottes, mais ils les choisissent alors ensoleillées, d'autres campent en plein air.

Pourquoi les chasseurs de la préhistoire aiment-ils s'installer près de l'eau ?

La proximité d'un cours d'eau ou d'un lac a plusieurs avantages : on a toujours à boire mais aussi à manger. Les animaux viennent s'abreuver, et parfois, ils doivent traverser. Il n'est pas rare de trouver un campement de chasseurs à proximité d'un gué : les bêtes sont plus faciles à abattre quand elles pataugent dans l'eau.

Pourquoi les hommes de Tautavel ont-ils élu domicile dans la Caune de l'Arago ?

Cette caverne du massif des Corbières, dans le sud-ouest de la France, est grande (120 m de long). Le soleil la réchauffe dès le matin. Elle domine de 60 m la plaine où coule le Verdouble. On peut y chasser toutes sortes d'animaux : des mouflons sur les rochers, des rennes sur les plateaux, des chevaux et des bisons dans la prairie. L'endroit est idéal pour ces chasseurs d'il y a 450 000 ans.

Comment ont-ils aménagé leur caverne?

Ils se sont apparemment contenté de couvrir le sol de pierres. Il faut dire qu'ils ne possédaient pas encore le feu.

Comment les chasseurs de Terra Amata s'abritent-ils ?

Sur cette plage de Nice, il n'y a pas de falaises. Ils ont construit des cabanes

Quand les chasseurs s'arrêtent dans des grottes pour quelques jours, ils choisissent les plus ensoleillées.

dont on ne peut que reconstituer la forme générale : le plan au sol est délimité par des pierres disposées en ovale sur une longueur de 8 m et une largeur de 6 m. Des trous de piquet indiquent qu'il y avait une armature en bois, couverte de branches. Des foyers occupaient le centre de la cabane.

Pourquoi les habitants du Lazaret démentent-ils l'image de l'homme des cavernes ?

Ces chasseurs et tailleurs de biface vivaient encore, il y a 130 000 ans, dans une grotte de la région niçoise. Mais ils y avaient aménagé une confortable tente, à proximité de l'entrée. La charpente de bois était appuyée sur la paroi rocheuse et recouverte de peaux, fixées au sol par un cordon de pierres. Longue de 11 m sur 3,2 m, l'habitation était divisée

en deux “ pièces ” par une cloison. La plus éloignée était chauffée par deux foyers ; on y a retrouvé les traces de “ matelas ” faits d'herbes marines.

INCROYABLE !

- Après la découverte du feu, on trouve souvent de l'ocre sur les sols des campements. Cette terre argileuse devient, après cuisson, un excellent colorant, utilisé d'abord pour des peintures corporelles.

La dernière glaciation

- *Le climat de la Terre a souvent changé. Durant l'ère quaternaire, commencée il y a 2 millions d'années, plus d'une dizaine de cycles se sont succédé : chacun alterne une période plus froide et une période plus chaude.*
- *À partir de 500 000 ans, les conditions climatiques se font plus rudes en Europe : les périodes froides, ou glaciations, s'allongent et le froid devient plus intense ; les périodes interglaciaires, plus chaudes, raccourcissent. La dernière glaciation commence il y a 120 000 ans environ. Elle est entrecoupée d'épisodes plus doux.*

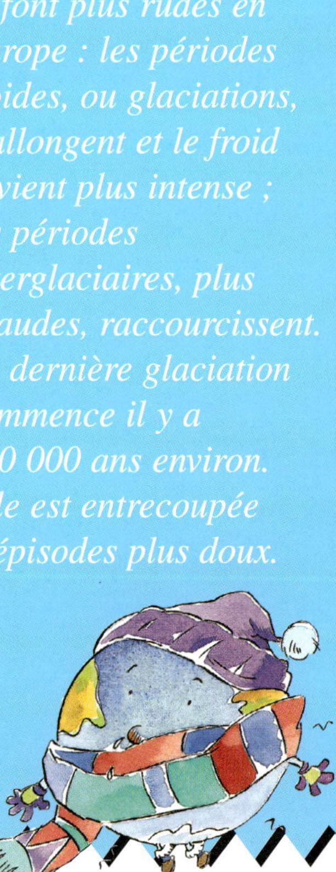

pourquoi le climat de la planète n'est-il jamais le même ?

La position de notre planète par rapport au Soleil, notre source d'énergie, varie. La Terre est plus ou moins inclinée sur son axe de rotation, cette ligne imaginaire qui passe par les pôles. L'orbite qu'elle décrit autour du Soleil change aussi : elle passe d'un cercle parfait à une ellipse, une forme un peu ovale et aplatie. Ces variations modifient la quantité de chaleur reçue du Soleil, donc le climat.

pourquoi se perdrait-on facilement dans l'Europe glaciaire même avec la meilleure carte ?

Si le climat change, la géographie aussi ! Au cours des glaciations, les calottes polaires s'étendent. Durant l'épisode le plus froid de la dernière glaciation, il y a environ 20 000 ans, un manteau de glace épais de plusieurs kilomètres recouvrait l'Europe jusqu'au sud de l'Irlande et de la Suède et jusqu'au nord de l'Allemagne. Plus à l'est, il atteignait presque la mer Noire et la mer Caspienne. D'énormes glaciers enveloppaient les Alpes jusqu'à Lyon, les Pyrénées et la chaîne du Caucase.

pourquoi l'océan Atlantique était-il moins profond ?

Une grande partie de l'eau disponible sur la planète était piégée sous forme de glace. Le niveau des océans avait donc baissé, comme à chaque glaciation. Il était plus bas de 120 m

Régulièrement, le climat de la Terre change passant d'une période chaude à une période froide. Les hommes ont su s'adapter à ces bouleversements climatiques.

au maximum glaciaire ! Les côtes atlantiques étaient parfois avancées de 100 km par rapport à leur tracé actuel. La Manche, elle, n'existait plus : on pouvait circuler à pied entre la Grande Bretagne et la France.

Comment connaît-on la température de l'Atlantique il y a 20 000 ans ?

Grâce aux enveloppes calcaires laissées au fond de l'océan par de minuscules créatures marines, les foraminifères. En analysant la proportion d'oxygène piégée dans ces dépôts, on peut connaître la température de l'océan au moment de leur naissance : elle ne dépassait pas 6 °C l'été !

INCROYABLE !

- De 500 000 à 12 000 ans, la température en Europe a presque toujours été inférieure à ce qu'elle est aujourd'hui. Au maximum de la dernière glaciation, elle ne dépassait nulle part 17 °C… l'été.

Les animaux du froid

- *Il y a 120 000 ans, des hippopotames se baignent dans la Tamise et dans le Rhin. Le climat est alors particulièrement clément sur l'Europe de l'Ouest.*

- *La dernière glaciation, 5 000 ans plus tard, oblige les êtres vivants à s'adapter. Quelques degrés de différence suffisent à bouleverser l'environnement et les conditions de vie. Le paysage change, la forêt recule à mesure qu'avancent les glaciers. Des troupeaux de rennes, de bisons et de chevaux peuplent alors les plaines et les vallées d'Europe.*

Pourquoi le mammouth prospère-t-il de la Sibérie jusqu'en Espagne ?

Ce cousin de l'éléphant, à peine plus petit mais beaucoup plus velu, apprécie la steppe. Cette prairie sèche et froide couvre une grande partie de l'Europe glaciaire, s'étendant au détriment de la forêt.

Pourquoi le rhinocéros laineux est-il bien protégé du froid ?

Ce gros rhinocéros, portant deux cornes, est couvert d'une épaisse toison. Il vit dans la steppe mais aussi sur les terres plus froides en bordure de la calotte glaciaire, où la toundra pousse sur un sol toujours gelé en profondeur.

Pourquoi les grottes sont-elles si disputées ?

De nombreux animaux habitent les cavités creusées par la nature dans les massifs rocheux. Ceux que l'homme redoute le plus sont l'hyène des cavernes et l'ours des cavernes, qui hiberne à l'entrée des grottes. Gare à celui qui réveille cet animal : debout, il mesure plus de 2,5 m.

Comment distingue-t-on un lion des cavernes de son cousin africain ?

Ce dangereux carnivore est plus grand et plus robuste que le roi de la savane. Mais il n'a pas la belle crinière de ce dernier.

Pendant la dernière glaciation, le mammouth régnait sur les plaines glacées de la Sibérie jusqu'à l'Espagne.

Pourquoi la marmotte ne peut-elle pas dormir tranquille ?

Ce petit mammifère est un gibier très apprécié des hommes préhistoriques. Il faut dire que la marmotte, très bien adaptée au froid, est abondante dans l'Europe glaciaire. On la rencontre même sur les rivages méditerranéens, alors qu'on ne la trouve plus aujourd'hui qu'en haute montagne.

Pourquoi le cerf mégacéros est-il le seigneur des bois ?

Ce cerf, qu'on connaît bien pour avoir trouvé des individus entiers dans les tourbières d'Irlande, est le plus grand cervidé ayant jamais existé. Grand comme un cheval actuel, il porte des bois qui peuvent atteindre 3 à 4 m d'envergure et peser 50 kg. Il a d'ailleurs, sans doute, été victime de sa ramure, lorsque le climat s'est durablement réchauffé : il ne pouvait pas se déplacer facilement dans les forêts en expansion. Son cousin le cerf élaphe, mieux adapté aux climats tempérés, l'a alors détrôné.

INCROYABLE !

- Ancêtre du bœuf domestique, l'aurochs côtoie les chevaux et les bisons sur les fresques préhistoriques. Abondant dans l'Europe préhistorique, il a disparu au XVIIe siècle victime des chasseurs.

Les hommes de Neandertal

- *À chaque coup de froid, l'Europe est transformée en presqu'île par l'avancée des glaces. Les grands hommes qui ont peuplé le continent se retrouvent isolés, vivant en groupes réduits sans contacts ou presque les uns avec les autres.*
- *Coupés du reste du monde, les premiers Européens évoluent de manière différente. Déjà, l'homme de Tautavel, il y a 450 000 ans, présentait des caractères distincts de ses frères africains. Quand commence la dernière glaciation, cette évolution est achevée : l'homme de Neandertal est un être à part, adapté au froid.*

Pourquoi ceux qui l'ont découvert le croyaient-ils malade ?

Le premier squelette de ce vieil Européen a été trouvé en 1856 en Allemagne, dans le vallon de Neandertal, qui lui a donné son nom. Cet homme a des traits vraiment étranges, en particulier un crâne allongé et bas, et des arcades sourcilières qui lui font comme une visière au-dessus des yeux. Pour beaucoup de savants de l'époque, qui ne croient pas à l'évolution des êtres vivants, c'est un homme déformé par la maladie.

Pourquoi l'homme de Neandertal n'est-il qu'un cousin ?

Les savants ont ensuite pensé que l'homme de Neandertal était notre ancêtre direct, le père de tous les Européens modernes. Il est effectivement notre plus proche parent, parmi tous les représentants du genre humain que nous avons déjà rencontrés, car il descend comme nous d'Homo ergaster. Mais il n'est qu'un cousin : des analyses récentes ont montré que c'était un homme différent. Il est placé sur un rameau de notre arbre généalogique qui a fini par ne plus donner de fruits, c'est-à-dire d'enfants.

Comment ses oreilles l'ont-elles trahi ?

De nombreux indices suggéraient que les néandertaliens n'étaient pas installés sur le même rameau que nous. Cela a été confirmé par l'étude de leur

Les néandertaliens ont su s'adapter au climat glacial. Leur physique s'est transformé pour mieux lutter contre l'air très froid qu'ils respiraient, par exemple leur nez s'est agrandi et élargi.

oreille interne. C'est un os minuscule, très particulier, qui joue un rôle dans l'audition, l'équilibre et la locomotion (la façon de se déplacer). Or l'oreille interne des néandertaliens n'a pas du tout la même forme que celle des hommes modernes (nous), ni même des chimpanzés. Les néandertaliens ont bien évolué de manière séparée.

Pourquoi l'homme de Neandertal a-t-il un grand nez ?

Il s'en sert de radiateur pour son cerveau ! Selon un chercheur américain, le nez large et proéminent des néandertaliens contenait davantage de petites veines donc réchauffait mieux l'air inspiré. Cela évitait à son volumineux cerveau, plus gros que le nôtre, un refroidissement trop important qui lui aurait été fatal.

INCROYABLE !

- Le néandertalien est le premier hominidé dont on ait trouvé des squelettes vraiment complets. Les fouilles ont mis au jour les ossements de 200 néandertaliens, sur une centaine de sites en Europe.

La vie des néandertaliens

- *Il y a 80 000 ans, les néandertaliens occupent presque toute l'Europe. Les préhistoriens ont fouillé les grottes bien abritées qu'ils habitaient dans le sud-ouest de la France et en Corrèze, sur les côtes méditerranéennes de France, d'Espagne et d'Italie.*
- *Ils sont présents, vers le nord, en Belgique et en Allemagne, jusqu'à une latitude de 52 ° nord. Plus à l'est, on les trouve jusqu'en Ouzbékistan, peut-être même en Sibérie, en Israël, en Syrie et en Irak.*

Pourquoi les hommes de Neandertal sont-ils des spécialistes de la chasse ?

Avec eux, les chasses spécialisées deviennent la règle. Ils sélectionnent les espèces chassées en fonction de leur plus ou moins grande abondance et aussi de leurs goûts. En étudiant leurs campements, les préhistoriens remarquent ici, une plus forte proportion d'os de chevaux, là, davantage d'os de bisons.

Pourquoi les accidents de chasse sont-ils fréquents ?

La principale occupation des hommes de Neandertal est la chasse et en s'attaquant aux mammouths ou aux bisons, ils prennent forcément des risques. Les squelettes des chasseurs néandertaliens, morts pour la plupart entre 20 et 40 ans, ne révèlent pas beaucoup de traces de maladies mais, en revanche, des traces de blessures, souvent graves.

Comment stoppent-ils les bisons dans leur course ?

À en croire l'abondance des ossements de bisons trouvés dans leurs campements, les néandertaliens appréciaient la chair de cet animal. Mais le bison a une fâcheuse habitude : il détale à la vue d'un chasseur. Pour l'arrêter, les néandertaliens utilisent une méthode originale. Ils jettent dans ses pattes des bolas, des pierres taillées en forme de boules et reliées par des fibres de chanvre.

Les néandertaliens appréciaient beaucoup la viande de bison. Mais la capture de cet animal n'était pas facile et les chasseurs étaient souvent blessés.

Comment coupent-ils leur viande ?

Avec un couteau en pierre à dents ! Ils font des encoches à intervalles réguliers sur le bord d'un éclat plat, ce qui donne une lame semblable à celle d'une scie, ainsi il arrive à découper la viande qui est souvent gelée.

Comment se protègent-ils du froid ?

Ils sont sans doute plus poilus que les hommes vivant sous des climats plus chauds. Ils disposent aussi du feu pour se chauffer. Mais cela ne suffit pas : ils se couvrent de peaux et de fourrures. C'est ce qui explique que, même si la viande d'herbivore ne manque pas, ils s'attaquent aussi aux carnivores. Ils abattent des loups, des renards et des lions des cavernes pour leur fourrure. On retrouve systématiquement des ossements de ces animaux dans les campements néandertaliens.

INCROYABLE !

- On n'a détecté aucune carie sur les dents des néandertaliens. Beaucoup souffraient en revanche de rhumatismes, même jeunes.

Premiers enterrements

Si on connaît bien les néandertaliens, c'est grâce aux squelettes conservés entiers dans des sépultures. Car ces hommes, que les premiers préhistoriens décrivaient comme des brutes dénuées de sentiments, enterrent leurs morts. Ils se préoccupent donc de ce qu'il advient après la vie sur Terre.

Les néandertaliens franchissent cette nouvelle étape en même temps que d'autres hommes, les Homo sapiens sapiens. Ils se croisent au Proche-Orient, où se trouvent, à Qafzeh en Palestine, les plus anciennes sépultures connues. Elles sont vieilles de 95 000 ans.

Comment les néandertaliens enterrent-ils leurs morts ?

L'inhumation reste occasionnelle. Le défunt est placé dans une fosse rectangulaire ou ronde. Il peut être couché sur le dos ou sur le côté, mais toujours les jambes repliées contre le buste. La fosse est recouverte de terre, parfois d'une dalle ou d'un monticule de grosses pierres (un tumulus).

Pourquoi déposent-ils dans les tombes des morceaux d'animaux ?

Dans la première tombe préhistorique mise au jour en 1908, en Corrèze, en France, les préhistoriens ont découvert près du mort un pied de bison et des os de renne. C'était sans doute de la nourriture destinée au défunt durant son voyage dans l'au-delà. Dans d'autres sépultures, on trouve des cornes de bouquetins ou un crâne de cerf avec ses bois, et même des fleurs des champs. Ces offrandes sont une manière d'honorer les morts.

Pourquoi décrit-on parfois l'homme de Neandertal comme un ogre cruel ?

On a trouvé dans la grotte de l'Hortus, non loin de Montpellier, en France, des os de néandertaliens mêlés aux restes de repas et cassés comme ceux des animaux consommés. D'autres indices suggèrent que des néandertaliens ont mangé de la chair humaine,

Les néandertaliens enterraient leurs morts.

au moins celle de leurs morts. Cette pratique a existé chez des peuples plus récents. Elle a pour but de s'attribuer la force physique ou spirituelle du défunt.

Comment les hommes de Neandertal ont-ils disparu ?

Cela reste un mystère ! On repère les dernières traces de ces populations, dans le sud de l'Espagne et du Portugal, il y a environ 30 000 ans.

Puis ils disparaissent. Rien n'indique que les hommes modernes les aient éliminés par la violence, et on n'a aucune preuve que ces groupes aient pu se métisser. On peut seulement dire que les néandertaliens n'étaient plus assez nombreux pour se reproduire.

INCROYABLE !

- Des préhistoriens ont trouvé, dans une grotte de Slovénie, un fémur d'ours percé de 4 trous, vieux de 45 000 ans. C'est peut-être une flûte, donc le plus ancien instrument de musique connu.

Les hommes modernes

- *Les premiers hommes modernes d'Europe portent le nom de Cro-Magnon, qui est celui d'un site français situé en Dordogne. C'est là que furent découverts pour la première fois ces humains semblables à nous, nos “ grands-parents ”à tous.*

- *Ces Homo sapiens sapiens arrivent en Europe occidentale, où on les repère d'abord en Espagne, il y a environ 40 000 ans. Mais ils vivaient déjà en Afrique de l'Est et au Proche-Orient autour de 100 000 ans.*

Pourquoi l'identité des hommes modernes est-elle inscrite sur leur front ?

À la différence de leurs prédécesseurs, ils ont un front plat se dressant tout droit au-dessus du nez. Ce développement du front est lié à celui du cerveau. De 1 400 cm^3 en moyenne, il est plutôt moins gros que celui des néandertaliens. Mais la partie située à l'avant est beaucoup plus importante. Or, c'est dans cette partie du cerveau que l'imagination et la pensée artistique prennent forme.

Pourquoi sont-ils deux fois sages ?

“ Sapiens ” veut dire sage. On appelle “ sapiens sapiens ” les hommes de Cro-Magnon pour les distinguer à la fois des grands hommes qui peuplèrent les premiers l'Europe (les Homo ergaster) et des hommes de Neandertal, (les Homo sapiens neandertalensis). Toutefois, pour de nombreux spécialistes, les néandertaliens ne font pas partie de la même espèce et seuls les hommes de Cro-Magnon sont des Homo sapiens.

Pourquoi nos ancêtres européens sont-ils tous des immigrés ?

Les préhistoriens s'accordent au moins sur le fait que les hommes modernes ont remplacé en Europe les néandertaliens. Il y a 30 000 ans, il ne restait

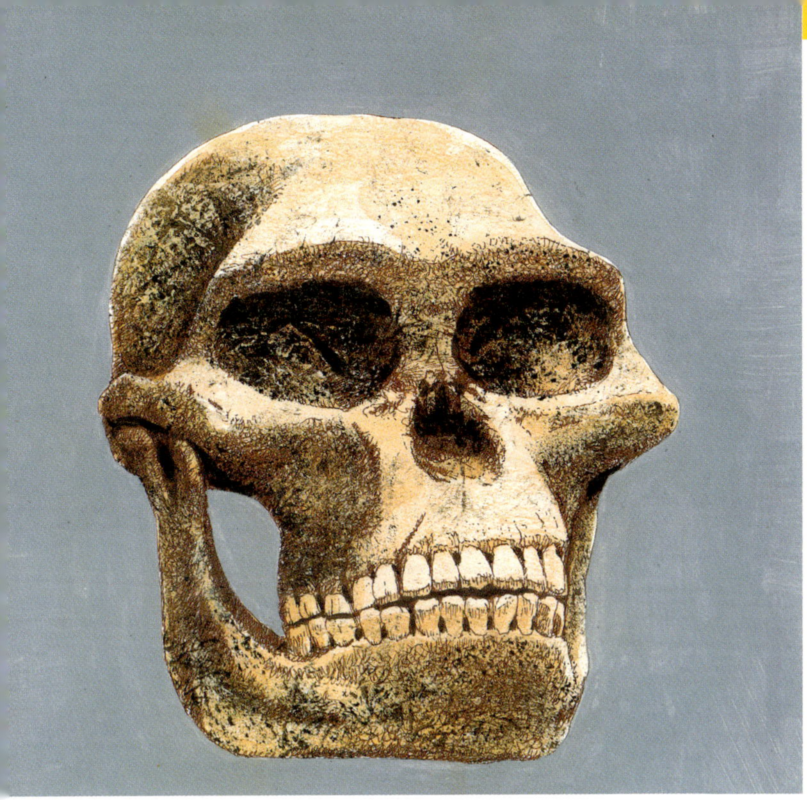

Ce crâne, retrouvé en Chine, et vieux de 500 000 ans, serait pour les Chinois celui de leur ancêtre direct ; il ne viendrait pas d'Afrique.

plus que des Homo sapiens sapiens, venus du Proche-Orient ou même d'Afrique, et qui avaient sans doute la peau foncée. Mais ce scénario ne s'applique pas aussi facilement en Asie.

Pourquoi les squelettes chinois sont-ils contrariants ?

Certains paléontologues constatent qu'on retrouve des caractères physiques des Chinois actuels sur des squelettes fossiles n'appartenant pas à des Homo sapiens sapiens. Pour eux, les populations installées en Asie, il y a plus d'un million et demi d'années, n'ont pas disparu pour être remplacées par des hommes modernes immigrés. Elles auraient évolué pour donner naissance aux hommes modernes asiatiques. Homo sapiens sapiens n'aurait pas une origine unique, comme le disent les généticiens, mais des origines différentes !

INCROYABLE !

- Les généticiens constatent qu'en dépit des différences physiques, tous les humains partagent le même patrimoine biologique. Nous sommes tous frères !

Au bout du monde

• *Si leurs origines sont mystérieuses, une chose est certaine : les hommes modernes ont assez rapidement colonisé la planète. Chasseurs-cueilleurs comme ceux qui les ont précédés dans la découverte du monde, ils s'aventurent plus loin.*

• *Peut-être plus audacieux, sûrement dotés de techniques et d'une organisation plus poussées, ils s'installent sur les bords du lac Mungo, en Australie, il y a au moins 60 000 ans. Il y a 12 000 ans, l'Amérique est habitée : sauf l'Antarctique, tous les continents sont alors peuplés.*

Comment les hommes modernes sont-ils allés en Australie ?

Il leur a fallu naviguer. En effet l'Australie, alors unie à la Nouvelle-Guinée, reste séparée du continent de la Sonde, d'où sont issues les îles indonésiennes actuelles. Les premiers colonisateurs de l'Australie doivent franchir un bras de mer large de 70 à 90 km. Ils ont pu se contenter de radeaux faits de troncs d'arbres reliés entre eux ou d'embarcations plus sophistiquées.

Comment découvrent-ils le continent américain ?

Probablement sans s'en rendre compte ! Le détroit de Béring, qui sépare

la Sibérie de l'Amérique du Nord, se trouve à sec à chaque avancée des glaces polaires car le niveau de la mer baisse. Des chasseurs ont pu pénétrer assez facilement en Amérique à la suite de troupeaux de rennes ou de bisons, sans se prendre pour Christophe Colomb !

Pourquoi ne peut-on pas dater avec certitude la découverte de l'Amérique ?

Certains scientifiques, se basant sur des charbons de bois trouvés à Pedro Furada, au Brésil, datent la première arrivée de 47 000 ans ! Mais rien

On pense que les premiers hommes ont utilisé des radeaux constitués de troncs d'arbres reliés entre eux pour effectuer leurs traversées.

ne prouve que ce bois n'a pas été brûlé par un incendie naturel. Des généticiens, ayant étudié des tribus d'Indiens d'Amérique centrale, estiment que leurs ancêtres étaient là il y a 20 000 ans. Les plus anciens témoignages d'une présence humaine dont on soit vraiment sûrs datent de 13 000 ans.

Comment l'Amérique du Sud a-t-elle été colonisée ?

Le scénario le plus simple fait descendre les premiers Américains de l'Alaska jusqu'au détroit de Magellan, où ils arrivent il y a environ 10 000 ans. Mais d'autres scientifiques pensent que des populations d'Océanie ont pu faire la traversée du Pacifique. Certains ont refait le parcours en pirogue et même en radeau pour valider cette théorie. Des chercheurs brésiliens tentent de retrouver l'origine des parasites identifiés dans des excréments humains fossilisés !

INCROYABLE !

- La plus ancienne embarcation conservée est une pirogue (en morceaux) taillée dans un tronc d'arbre. Vieille de plus de 8 000 ans, elle a été trouvée aux Pays-Bas.

Le langage

La parole est le propre de l'homme. Les animaux ont leur langage, parfois très élaboré, mais ils ne parlent pas comme nous : ils n'articulent ni mots, ni ne forment des phrases. D'après les expériences réalisées avec les chimpanzés, à qui on a appris à “ écrire ” des phrases sur ordinateur, ils ne sont pas capables de raconter une histoire, de voyager grâce au langage, dans le passé ou dans le futur. Quand l'homme a-t-il acquis cette merveilleuse capacité ? Les premières paroles n'ont malheureusement pas été enregistrées.

Pourquoi l'os hyoïde est-il “ l'os du langage ” ?

Cet os de quelques centimètres en forme de fer à cheval est situé au-dessus du larynx, la partie de nos voies respiratoires dans laquelle sont tendues les cordes vocales. Le larynx étant mou, il ne se conserve pas, à l'inverse de l'os hyoïde. Mais en retrouvant la position de l'os hyoïde à la base d'un crâne, on peut définir celle du larynx. Or, si le larynx est haut dans le cou, le propriétaire du crâne ne peut pas parler.

Comment les premiers hommes parlaient-ils ?

On ne possède malheureusement pas de crâne d'Homo habilis suffisamment bien conservé pour établir indiscutablement la position du larynx. Cette preuve n'existe qu'à partir de 150 000 ans : les hommes de Cro-Magnon parlaient, de même que les néandertaliens !

On pense que leurs prédécesseurs échangeaient des sons modulés.

Pourquoi l'homme devait-il perdre ses poils pour pouvoir parler ?

Les poils protègent les mammifères du froid comme des rayons du soleil. Pour refroidir leur corps quand il fait vraiment trop chaud, ces animaux halètent. En perdant ses poils, l'homme a régulé autrement sa température : en transpirant. Il n'avait plus besoin

de haleter et pouvait contrôler son souffle. C'est une condition nécessaire au langage articulé.

Pourquoi les hommes n'avaient-ils pas besoin de traduction il y a 35 000 ans ?

Ils parlaient tous la même langue ! C'est ce que pensent les linguistes, qui étudient les langues. Ils ont découvert que toutes les langues du monde ont des structures grammaticales en commun et partagent des mots fossiles. Ce sont les racines anciennes de mots comme “eau ” : à partir des mots fossiles, les linguistes ont reconstruit l'arbre généalogique des langues. Le tronc semble bien être fait d'une seule langue “ mère ”.

D'après les scientifiques qui ont étudié les crânes des hommes préhistoriques, les néandertaliens et les hommes de Cro-Magnon parlaient.

Comment les langues se sont-elles séparées ?

En voyageant ! Elles se sont différenciées au cours des migrations comme les hommes se sont distingués les uns des autres en s'adaptant au milieu où ils se sont installés. Les différences entre les langues sont très profondes. Elles évoluent très vite : les langues parlées en Europe au Moyen Âge sont devenues pour nous des langues étrangères !

INCROYABLE !

- Il y a aujourd'hui 5 000 langues parlées dans le monde, réparties en douze grandes familles.
- Le cerveau du chimpanzé a les mêmes zones spécialisées dans le langage que le cerveau humain.

Des progrès techniques

- *Les Néandertaliens ont fabriqué une soixantaine d'outils en pierre, leurs successeurs plus de deux cents ! Ils n'arrêtent pas d'innover et utilisent toutes les ressources que leur offre la nature : ils travaillent la pierre mais aussi l'os, l'ivoire des défenses de mammouth et les bois de renne ou de cerf.*

- *Pour les préhistoriens, c'est encore l'âge de la pierre taillée mais les progrès techniques sont tels qu'ils appellent " paléolithique supérieur " la période qui s'ouvre il y a 40 000 ans.*

Pourquoi les outils du paléolithique supérieur paraissent-ils moins grossiers ?

Les néandertaliens avaient amélioré leurs outils au point qu'on a confondu leur production avec celle des tout premiers Cro-Magnons installés en Europe.

Ils travaillaient surtout des éclats, très plats et tranchants, obtenus par la technique du débitage Levallois. Les hommes modernes perfectionnent ce débitage. D'un bloc de pierre, ils obtiennent de longues lames plates aux bords parallèles. Ils les retouchent ensuite longuement. Les outils sont si réguliers qu'ils paraissent sortir d'une machine.

Pourquoi les hommes modernes chauffent-ils la pierre ?

C'est pour la débiter plus facilement en fines lames. Le silex doit être chauffé au moins vingt heures à plus de 200 °C et refroidi lentement.

Pourquoi peut-on tresser une couronne de lauriers aux solutréens ?

Ces hommes, qui vivaient en France et en Espagne il y a environ 20 000 ans, ont fait du travail de la pierre un véritable art. Ils fabriquaient des pointes

Avec les os, les hommes de Cro-Magnon fabriquent des hameçons et des pointes de sagaie. Le résultat est surprenant de précision et de régularité.

de silex en forme de feuille de laurier, si minces que la pierre devenait presque transparente.

Comment fabriquer une lance à bout pointu appelée sagaie ?

Il faut d'abord une pointe bien acérée. Elle peut être en silex, mais elle est plus souvent taillée dans de l'ivoire ou dans des bois de cervidé : on extrait de la ramure des baguettes que l'on façonne. Les pointes ont souvent un dos, comme celui d'un couteau, pour une meilleure résistance et forment un cran à leur base. C'est pour mieux les emmancher.

Comment fixer une pointe ou une lame sur un manche, sans clou ni vis ?

L'emmanchement des outils et des armes constitue un grand progrès car il donne plus de puissance au geste de celui qui l'utilise.
Les pointes se glissent dans des rainures pratiquées à un bout du manche ou de la hampe de sagaie.
Puis elles sont collées et ligaturées avec des fibres végétales ou des tendons d'animaux.

INCROYABLE !

- Les préhistoriens qui ont expérimenté la taille de la pierre estiment qu'il fallait plusieurs heures pour tailler une pointe en feuille de laurier. Trois minutes suffisaient pour fabriquer un biface.

Comment les artisans du paléolithique supérieur peuvent-ils avoir de la colle ?

Rien de plus simple : il suffit de faire chauffer de la résine ou de la sève récoltée en entaillant le tronc d'un arbre. Pour l'épaissir et en faire un bon mastic, on mélange cette colle à de l'ocre rouge.

Pourquoi les « bâtons percés » sont-ils une énigme ?

Taillés dans des bois de cervidé ou dans de l'ivoire, troués dans leur partie la plus large, ces bâtons sont parfois magnifiquement sculptés. Pour certains préhistoriens, ce sont des insignes de pouvoir, semblables aux sceptres de nos rois. Pour d'autres, ils servaient à redresser les sagaies. D'autres encore en font des frondes pour la chasse aux oiseaux.

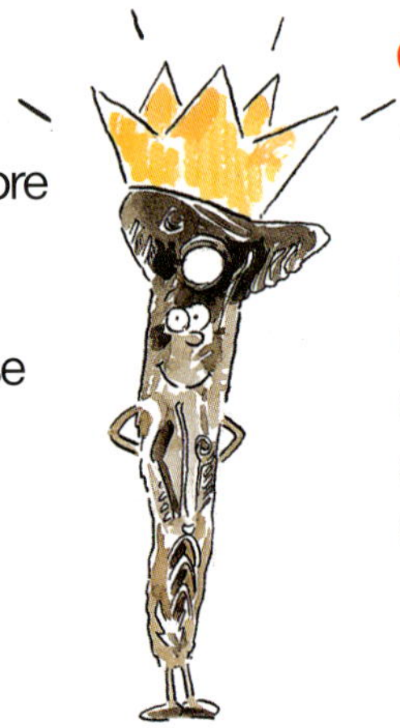

Comment les artisans améliorent-ils la performance de la sagaie ?

Ils inventent le propulseur il y a environ 20 000 ans. C'est un bâton en bois de cervidé ou en os, long d'environ 50 cm. Il se termine par un crochet ou est muni d'un trou. On le tient à l'horizontale et on cale la sagaie sur le crochet ou dans le trou. Puis on fait le même geste, d'arrière en avant, que pour lancer une sagaie ordinaire. Mais le propulseur sert de levier : la sagaie est projetée beaucoup plus vite, plus fort et plus loin.

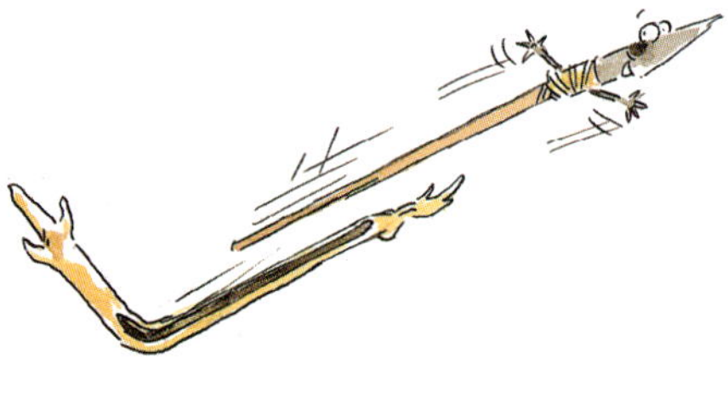

Comment les artistes de cette époque s'éclairent-ils au fond des grottes ?

Ils s'éclairent avec des torches taillées dans du bois de conifère, dont la résine s'enflamme bien. Ils utilisent aussi des lampes portatives :

dans le creux d'une pierre, ils placent de la graisse dans laquelle trempe une mèche de lichen ou de mousse.

Comment peuvent-ils peindre des parois et des plafonds à plus de 2 m de hauteur ?

Ils utilisent des échafaudages ! Dans la grotte de Lascaux, les trous pratiqués dans la paroi sont encore visibles : des poutres servant de support à un plancher surélevé y étaient enfoncées.

Les artistes utilisaient des échafaudages pour peindre le haut des parois et les plafonds des grottes.

Comment les artistes de Lascaux ont-ils pu descendre dans un puits profond de 5 m ?

Encore une fois, le progrès technique s'est mis au service de l'art. On a retrouvé au bord du Puits de Lascaux un fragment de corde long de 30 cm, fait de trois éléments torsadés. La fibre utilisée n'a pas été identifiée mais les préhistoriens penchent pour de l'écorce d'arbre. En tout cas, les hommes de ce temps connaissaient l'art de tresser des cordes et s'en servaient sans doute aussi pour fabriquer des filets de pêche ou des pièges.

INCROYABLE

- On a découvert des morceaux d'argile portant l'empreinte d'un matériau “tissé” et datés de 27 000 ans. Ce sont peut-être les plus anciennes traces de vannerie ou de tissage.

À la chasse

- *On pourrait croire que les hommes modernes ne mangeaient que de la viande tellement ils ont laissé d'os d'animaux derrière eux. C'est en partie une illusion d'optique : les os ont mieux traversé le temps que les végétaux qu'ils consommaient.*
- *La chasse est tout de même une activité très importante car elle fournit à manger mais aussi de la matière première pour tailler des outils, confectionner des vêtements et construire des abris. En Europe, les proies les plus chassées sont le renne, le bison et le cheval sauvage.*

Pourquoi ces chasseurs préhistoriques feraient-ils frémir les écologistes ?

On a découvert sur certains sites des carcasses de jeunes animaux ou de femelles attendant des petits, qui avaient été victimes de chasseurs.

Des préhistoriens voient là la preuve que le gibier était si abondant que les chasseurs n'avaient pas à se préoccuper du renouvellement des espèces animales, contrairement à aujourd'hui.

Comment parviennent-ils à tuer beaucoup d'animaux en même temps ?

Ils s'organisent pour piéger des troupeaux entiers au fond d'un canyon ou au bord d'un précipice. À Solutré, en France, des générations de chasseurs ont apparemment chassé les chevaux en les poussant à se jeter dans le vide.

Pourquoi les chasseurs reviennent-ils chaque année dans la grotte des Églises ?

Ils s'installent dans cette grotte des Pyrénées françaises à la fin de l'automne, à l'époque de la reproduction des bouquetins et peuvent, en assez peu de temps, abattre un grand nombre d'animaux. Ils les dépècent sur place avant de les transporter dans leur campement permanent.

Comment les chasseurs d'Europe orientale se procurent-ils des os et des défenses de mammouth ?

La plupart du temps, ils se contentent de les récupérer sur les carcasses d'animaux piégés naturellement lors

du dégel, quand le sol ramollit. En République tchèque, une centaine de mammouths, surtout de jeunes mâles, ont pourtant été abattus par un groupe de chasseurs préhistoriques : ils avaient sans doute été piégés dans des fosses.

Pourquoi incrustent-ils des petites pointes sur leurs sagaies ?

Ces petites pointes fichées dans des rainures et collées par du mastic forment des barbelures redoutables.

Pour capturer les animaux, certains chasseurs les obligeaient à sauter dans le vide depuis le haut d'une falaise.

Quand la sagaie s'enfonce dans la chair d'un animal, il saigne beaucoup et n'a aucune chance de s'en débarrasser.

Pourquoi les chasseurs d'il y a 11 000 ans se servent-ils plutôt d'arcs ?

Les plus anciens arcs connus, découverts dans des tourbières du Danemark et d'Allemagne, ont cet âge. L'usage de l'arc va beaucoup se développer ensuite car cette arme est mieux adaptée à la chasse en forêt, et celle-ci s'étend à mesure que le climat se réchauffe.

INCROYABLE !

● Au XXe siècle, les Eskimo et les Aborigènes utilisent encore des propulseurs. Lancée par un propulseur, une sagaie file trois fois plus vite vers son but.

L'essor de la pêche

- *La pêche était pratiquée occasionnellement par les néandertaliens. Les hommes modernes pêchent plus fréquemment. On trouve beaucoup d'arêtes de poisson fossilisées dans les campements des chasseurs magdaléniens, qui vivent entre 16 000 et 9 500 ans av. J.-C. Certains ont même été installés uniquement le temps d'une saison de pêche.*
- *Toutefois, la pêche reste une activité secondaire par rapport à la chasse. Sur l'ensemble des animaux représentés par les Européens de la préhistoire, on ne trouve que 120 poissons.*

Comment les magdaléniens pêchent-ils ?

Ils pêchent à la ligne avec des hameçons en os ou en bois de cervidé. Ce sont des hameçons droits se séparant en deux extrémités pointues.

Vers 10 000 ans av. J.-C., apparaît l'hameçon en forme de crochet. Des indices plus indirects suggèrent qu'ils pêchaient aussi à la nasse, avec des paniers tressés, et peut-être même avec des filets.

Pourquoi certaines pointes barbelées sur les deux bords sont-elles trouées à leur base ?

Ce sont en fait des harpons, que l'on attache à une hampe. Si le poisson tente de filer avec la pointe, on tire sur la hampe pour le ramener. Il y a toutes sortes de harpons préhistoriques. Selon leur forme et leur taille, ils servaient plutôt à la pêche aux gros poissons ou à la chasse aux oiseaux aquatiques. Certains étaient utilisés pour tuer les rennes ou les cerfs lorsqu'ils étaient dans l'eau.

Pourquoi les magdaléniens mangent-ils peu de poissons de mer ?

On n'a pas trouvé de bateau de cette époque et ils ne savaient sans doute pas naviguer. Dans leurs campements, on trouve surtout des restes de poissons d'eau douce :

Les magdaléniens avaient inventé des nasses pour attraper les poissons et des crustacés.

brochets, carpes, truites et aussi saumons.

Comment pêchent-ils des saumons s'ils ne vont pas en mer ?

Le saumon est un poisson de mer qui vient se reproduire dans les eaux douces où il est né. Les hommes préhistoriques l'appréciaient beaucoup : c'est un poisson gras et assez facile à attraper.

Pourquoi trouve-t-on de grands tas de coquillages marins près de certains sites préhistoriques ?

Les coquillages sont très appréciés comme ornement, mais les populations habitant sur les côtes les mangent aussi en grande quantité. Les hommes préhistoriques ont abandonné des milliers de coquilles de patelles et de bigorneaux sur la côte espagnole. La consommation de coquillages marins mais aussi terrestres, s'accroît de manière spectaculaire quand le climat commence à se réchauffer et que les troupeaux de rennes diminuent.

INCROYABLE !

- Durant la préhistoire, les phoques remontaient loin en amont des fleuves. Cela a permis à des hommes préhistoriques de manger du phoque à plus de 200 km des côtes atlantiques de la France.

À table !

- *Le menu des hommes modernes est assez varié. Il se compose de gros et de petit gibier, de poissons et de coquillages, de racines, de graines et de baies.*

Les préhistoriens peuvent le reconstituer grâce aux restes abandonnés sur les sites habités. Les pierres et les os brûlés, la forme des foyers donnent des indications sur les méthodes de cuisson.

- *On a trouvé quelques récipients en bois dans l'abri Romani, en Espagne, mais la plupart des marmites préhistoriques, en peau, en écorce, en cuir ou en bois, ont disparu.*

Comment les hommes modernes cuisinent-ils la viande ?

Ils connaissent le barbecue comme la pierrade : la viande est grillée soit directement sur les braises du foyer, soit sur des pierres plates chauffées sur le feu. Elle peut aussi être rôtie, embrochée sur un os long ou une défense de mammouth. On peut encore la cuire à l'étouffée, enrobée dans des feuilles et enterrée avec des braises.

Comment font-ils bouillir de l'eau sans récipient résistant au feu ?

Les récipients qu'ils utilisent avant l'invention de la poterie supportent mal d'être placés au-dessus d'un feu. Mais il est tout à fait possible de porter à ébullition l'eau contenue dans une outre en y jetant des pierres chauffées sur des braises. On renouvelle constamment les pierres jusqu'à ce que l'eau bouille.

Pourquoi ont-ils les mains grasses après un repas ?

Ils mangent avec les doigts ! La fourchette n'existe pas : pour piquer la viande, ils peuvent se servir de bâtons taillés en pointe. En revanche, les hommes modernes connaissent la cuillère, taillée dans des bois de cervidé, de l'os ou de l'ivoire et parfois, elle est même joliment sculptée. Ils s'en servent plutôt pour mélanger une préparation

Comment conservent-ils leur nourriture en prévision de l'hiver ?

Les hommes préhistoriques inventent les techniques de conservation que l'humanité va utiliser jusqu'à la généralisation de la boîte de conserve et du froid artificiel… au XXe siècle. Le séchage est utilisé pour les plantes et les champignons comme pour le poisson. Mais celui-ci, ainsi que la viande, se conservent mieux s'ils sont séchés dans la fumée dégagée par un feu.

que pour porter les aliments à la bouche, si on en croit le faible nombre de cuillères trouvées dans les habitats.

Ce sont les hommes préhistoriques qui ont inventé le barbecue et la pierrade.

d'un seul côté sur un manche en os ou en bois.

Comment coupent-ils leur viande ?

Ils utilisent des couteaux en silex qui ont pratiquement la même forme que nos couteaux modernes, avec une lame coupante

INCROYABLE !

• Des squelettes de rennes alourdis de pierre ont été trouvés dans d'anciens étangs en Allemagne. Les animaux ont peut-être été ainsi conservés entiers dans l'eau glacée par des hommes préhistoriques.

Le logement

- *Les préhistoriens ont fouillé de nombreux sites habités par les hommes modernes. Ils distinguent plusieurs types d'habitat. Les abris sous roche ne sont généralement que des haltes de chasse.*

- *Les huttes et les cabanes, dont l'aménagement nécessite beaucoup d'efforts et de matériaux, forment des camps de base occupés de manière plus permanente.*
- *Les tentes, plus facilement démontables, sont dressées dans des campements saisonniers, par les chasseurs qui suivent, avec femmes et enfants, des troupeaux.*

Pourquoi les chasseurs d'Europe orientale et de Russie enterrent-ils en partie leurs huttes ?

Ils vivent dans des plaines balayées par des vents glacés, et où il n'y a pas d'abris naturels. Ils creusent donc des fosses profondes de 40 cm à 1 m, dans lesquelles ils installent leur habitation. Dans ces logements semi-souterrains, la chaleur se conserve mieux. Une partie des murs étant constituée par les côtés de la fosse, on économise aussi du bois de charpente, ce qui est important dans ces régions peu boisées.

Comment les Ukrainiens de Mezirich ont-ils construit leurs huttes sans bois ?

Pour former les murs de ces huttes rondes, construites il y a environ 20 000 ans, ils ont empilé des mâchoires et des crânes de mammouth maintenus par de longs os de mammouths plantés verticalement, comme des piquets de tente. Le tout a été colmaté par de la terre. La charpente du toit était faite de ramures de rennes mêlées à des défenses de mammouths. Des peaux ou peut-être des touffes d'herbe recouvraient le tout.

Pourquoi l'entrée était-elle impressionnante ?

On entrait en passant sous deux gigantesques défenses de mammouth, emboîtées dans un manchon d'ivoire.

Pourquoi les habitants de la vallée de l'Isle, dans le Périgord, ont-ils porté des tonnes de galets ?

Ils ont utilisé des galets de quartz, ramassés dans le lit

de cette rivière française, pour paver le sol de leurs cabanes. La quantité de pierres utilisées, et le soin apporté à l'aménagement du sol, suggèrent que les occupants n'envisageaient pas de déménager très vite.

Pour échapper aux vents glacials des plaines, les chasseurs du nord de l'Europe creusent des fosses pour installer leur hutte dans la terre.

Comment les chasseurs de Pincevent s'abritent-ils ?

Poursuivant les troupeaux de rennes, ces chasseurs magdaléniens reviennent chaque année au bord de la Seine, à Pincevent, dans l'actuel département français de la Seine-et-Marne. Ils dressent alors de grandes tentes, semblables aux yourtes des nomades mongols, mesurant 3 à 4 m de diamètre.

INCROYABLE !

- Il a fallu plus d'une centaine de squelettes de mammouths pour construire les 4 huttes de Mezirich en Ukraine. La base d'une de ces cabanes est formée de 95 mandibules emboîtées.

Pourquoi l'évacuation des ordures ménagères n'est-elle pas un problème ?

La société préhistorique ne produit pas beaucoup de déchets : quelques os, des fragments de pierre, des cendres et de la suie. Ces détritus sont parfois enterrés dans des trous ou dans des fosses. Les habitants de Pincevent jettent plus simplement les petits détritus devant l'entrée de leur tente et les plus encombrants à quelques mètres de l'habitation.

Pourquoi les abords du foyer principal sont-ils si encombrés ?

Toute la vie s'organise autour du foyer, situé tantôt à l'entrée de l'habitation, comme à Pincevent, ou au centre. On y fait la cuisine et on y travaille, car il faut du feu pour chauffer le silex comme pour redresser les baguettes destinées à la fabrication des sagaies.

Pourquoi les hommes modernes installent-ils parfois d'autres feux à l'extérieur de l'habitation ?

Autour de ces foyers secondaires, les artisans effectuent des tâches plus spécialisées, nécessitant de l'espace. C'est notamment le cas du dépeçage des animaux et du travail des peaux.

Comment chauffent-ils leurs habitations ?

En faisant du feu, bien sûr. Dans plusieurs campements, comme à Pincevent, certains foyers sont aménagés pour produire le maximum de chaleur. Le feu est recouvert de galets bien ajustés. Ils emmagasinent la chaleur et la redonnent la nuit, même si le feu s'éteint.

Comment les préhistoriens repèrent-ils la chambre à coucher ?

C'est le plus souvent un espace situé en arrière du foyer principal. Il se distingue par un sol parfaitement dégagé, où ne subsistent au mieux que les vestiges des “ lits ” préhistoriques. Parfois, cet espace était isolé par une cloison : à Étiolles, autre site de la région parisienne, son emplacement est matérialisé par une rangée de pierres.

Comment les hommes préhistoriques dorment-ils dans leurs abris ?

Ils s'installent assez confortablement sur des litières pour se protéger du froid qui monte du sol. Ces litières peuvent être faites de branchages croisés ou simplement d'herbes ou d'algues. Elles sont

utilisés pour l'armature.
En Europe occidentale, des artistes ont gravé et peint les parois à l'entrée des abris sous roche occupés temporairement.

ensuite couvertes de peaux et de fourrures.

Pour dormir, les hommes s'isolaient du sol avec des branchages et des herbes qu'ils recouvraient de peaux de bêtes.

Comment décorent-ils leurs habitations ?

On ignore tout de la décoration des abris légers puisqu'il n'en subsiste souvent que le plan au sol. Les habitants des huttes d'Europe orientale sculptaient et gravaient les ossements et les défenses de mammouths

INCROYABLE !

- Les préhistoriens ont calculé qu'il fallait 35 peaux de rennes pour couvrir une tente comme celle des chasseurs de Pincevent.

Vêtements et parures

Oublions l'image d'un homme des cavernes hirsute et affublé de peaux pendouillant autour de son corps ! L'homme de Neandertal savait déjà travailler les peaux et les assembler grossièrement.

L'homme moderne porte des vêtements bien ajustés grâce à l'invention … de l'aiguille à coudre,

il y a 20 000 ans. S'il met à profit son inventivité pour mieux se vêtir, l'homme du paléolithique supérieur fait aussi preuve d'esprit artistique dans sa parure.

Comment les artisans de cette époque tannent-ils les peaux ?

Après avoir été grattées et raclées avec des outils en silex puis séchées, les peaux doivent être protégées par le tannage contre la moisissure, les insectes et l'humidité. On utilise aujourd'hui des tanins tirés des plantes, mais les hommes préhistoriques ignoraient cette méthode : ils se servaient d'ocre rouge, dont on retrouve beaucoup de traces autour des foyers secondaires ainsi que sur des lissoirs ou des grattoirs en silex.

Comment les peaux sont-elles assemblées avant l'invention de l'aiguille ?

On perce probablement des trous avec des perçoirs, des outils en silex très pointus, pour y passer des tendons ou des lanières de cuir.

Comment les solutréens fabriquent-ils les premières aiguilles ?

Ils utilisent des éclats d'os et percent le chas avec un perçoir. La forme des aiguilles à coudre n'a pas changé depuis 20 000 ans ! Il faut évidemment des fils plus fins. Ils peuvent utiliser des crins ou des poils d'animaux, des herbes ou des fibres végétales tressées.

Comment l'homme de Sounguir était-il habillé ?

Cet habitant préhistorique de la plaine russe a été

enterré dans son plus beau costume, sans doute coupé dans des peaux de renne ou de la fourrure de renard

polaire, le gibier préféré de son groupe. Seules les 3 500 perles en ivoire cousues sur les vêtements se sont conservées. Ces ornements permettent d'en connaître la forme : une veste à longues manches qui s'enfilait par la tête et avait une capuche ; un pantalon apparemment cousu aux chaussures, semblables aux mocassins souples des Indiens d'Amérique.

L'invention de l'aiguille a révolutionné l'habillement des hommes préhistoriques.

Pourquoi les hommes modernes ne sont-ils pas hirsutes ?

On sait d'après les gravures et statuettes que les hommes et femmes du paléolithique supérieur se coiffent soigneusement : ils lissent leurs cheveux, les nattent ou les relèvent en chignon. On voit aussi des coiffures plus savantes, complétées par des toques, des bandeaux, ou des résilles sur lesquelles sont cousus des ornements.

INCROYABLE !

- Un jeune homme enterré dans la grotte de Grimaldi, en Italie, était coiffé d'une résille décorée de 200 coquillages et de 29 dents de cerf.

La vie en société

- *Non seulement les chasseurs du paléolithique supérieur ont résisté à la période la plus froide de toute l'ère quaternaire, mais ils ont même prospéré.*

- *Dans de nombreuses régions, la population augmente. En France, dans la vallée de la Vézère, en Dordogne, particulièrement bien étudiée, plusieurs centaines de personnes vivent dans des campements presque voisins. La tendance au regroupement traduit à la fois l'abondance de la nourriture et une organisation sociale plus forte.*

Pourquoi les couples ne durent-ils pas longtemps ?

L'étude des squelettes montre que les populations de cette période ne souffraient pas de malnutrition et étaient plutôt en bonne santé. Certains hommes, dont on a retrouvé les restes, ont ainsi pu vivre jusqu'à 60 ans. Mais les accidents sont toujours une cause importante de mortalité chez les chasseurs, et beaucoup de femmes meurent en accouchant, faute de soins appropriés. Les couples qui pouvaient vieillir ensemble devaient être rares.

Comment l'éducation des enfants se fait-elle ?

Ils apprennent en écoutant les adultes et en les imitant ! On a retrouvé ainsi, dans certains campements, des morceaux de silex taillés par des mains malhabiles, des restes de feux allumés à l'écart des foyers

aménagés qui pourraient être des essais faits par des enfants. On n'a pas vraiment identifié de jouets, mais les enfants s'amusent avec trois fois rien, c'est bien connu.

Pourquoi vivent-ils en groupes peu nombreux ?

Chez les chasseurs-cueilleurs, la taille du groupe est adaptée aux ressources du territoire : une famille isolée ne peut survivre, mais un groupe trop nombreux risque d'avoir très vite faim, faute de nourriture en suffisance. D'après les restes de repas et la taille des habitations, les préhistoriens estiment qu'une hutte ou une tente n'abrite en moyenne qu'une famille de 5 ou 6 personnes.

Les enfants apprennent en regardant faire leurs parents et en les aidant. Rien n'a vraiment changé depuis des milliers d'années !

Le campement de Pincevent réunit 11 tentes ; celui de Mezirich 4 grandes huttes.

Comment peut-on suivre les déplacements et les échanges entre groupes ?

On n'a aucune preuve directe de l'existence de rassemblements saisonniers, pareils à ceux réunissant les groupes de chasseurs-cueilleurs récents. En revanche, on trouve des outils ou des matériaux qui ont beaucoup voyagé : certains coquillages ont effectué plus de 600 km depuis leur lieu d'origine, sans doute grâce à des échanges successifs entre groupes.

Comment les malades sont-ils soignés ?

Quant on vit aussi près de la nature, on en connaît les secrets et les plantes qui guérissent. Mais les remèdes n'ont pas laissé de traces. En revanche, on constate sur des squelettes que les os fracturés ont été remis en place par des mains expertes. Certains crânes portent des traces de trépanation, qui pourraient témoigner de tentatives d'opérations du cerveau.

INCROYABLE !

- Les préhistoriens ne parviennent pas à s'accorder sur le nombre d'habitants de l'Europe au paléolithique supérieur. Mais aucune estimation ne dépasse 50 000 personnes pour un pays comme la France.

Les premiers artistes

- *L'art naît lorsque des Homo sapiens sapiens, vivant en Sibérie, sculptent une tête d'ours dans une vertèbre de rhinocéros laineux, il y a 35 000 ans.*

- *À partir de défenses de mammouth, d'autres hommes modernes ont créé de superbes figurines dont la plus célèbre est un homme à tête de lion, vieux de 27 000 ans.*

- *Des plaquettes de pierre peintes découvertes en Afrique ont le même âge. L'art apparaît aussi à la même époque en Australie.*

Pourquoi cette soudaine explosion artistique ?

Les Homo sapiens sapiens ont hérité du goût pour les belles choses manifesté par les hommes plus anciens, quand ils collectionnaient les pierres différentes des autres, ou taillaient des bifaces parfaitement symétriques. L'évolution biologique et culturelle les a dotés d'un cerveau capable de concevoir des œuvres d'art et les techniques nécessaires pour les réaliser.

Pourquoi trouve-t-on beaucoup de rondelles perforées chez les chasseurs magdaléniens ?

Ces rondelles en os, percées au centre et décorées de gravures d'animaux ou de motifs géométriques, servaient à orner ou à fixer les vêtements. Elles étaient enfilées en colliers. Les magdaléniens portaient aussi en pendentif des figurines humaines ou animales, comme ces 19 petites têtes d'herbivores, découpées dans de l'os, retrouvées dans les Pyrénées françaises.

Comment les premiers artistes obtiennent-ils ces têtes d'animaux découpées ?

Elles paraissent découpées à l'emporte-pièce comme des biscuits. En fait, les Homo sapiens sapiens savent scier et polir les os plats, souvent des omoplates. Parfois, ils utilisent la forme naturelle des os, en modifiant à peine leurs contours. Les habitants des Pyrénées étaient des spécialistes du genre.

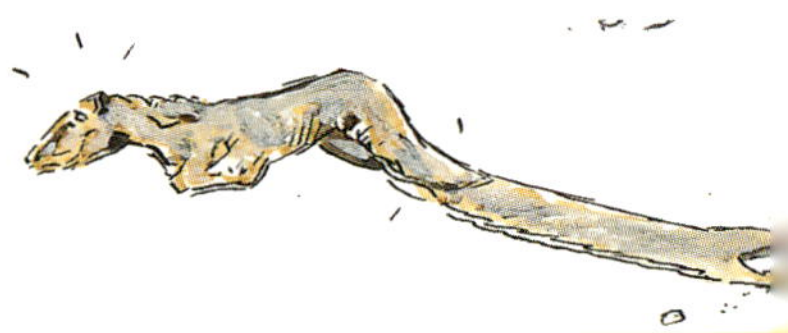

Les plus anciennes sculptures retrouvées datent de 35 000 ans. Elles ont été taillées dans des os.

Comment les premiers musiciens font-ils de la musique ?

Ils jouent sans doute du tambour, fait d'une peau tendue sur un morceau de tronc, mais aucun ne nous est parvenu. En revanche, on a trouvé de nombreux os creux d'oiseaux (plus rarement des os de mammifères évidés) percés d'un ou de plusieurs trous et parfois pourvus d'un bec taillé en biseau. Des flûtistes d'aujourd'hui en ont tiré des sons tout à fait mélodieux.

Pourquoi appelle-t-on les statuettes féminines des « Vénus » ?

Beaucoup de statuettes féminines sculptées par les artistes du paléolithique ont des seins et des fesses exagérément rebondis. Les préhistoriens qui ont découvert ces représentations, hautes de quelques centimètres, ont pensé qu'elles figuraient des déesses de la fécondité et les ont comparées à Vénus, la déesse romaine de l'amour. Mais si la célèbre Vénus autrichienne de Willendorf est très ronde, ce n'est pas le cas des statuettes ukrainiennes d'Avdeevo, beaucoup plus longilignes.

INCROYABLE !

- On connaît environ 120 statuettes féminines du paléolithique. Deux seulement ont un vrai visage : l'une vient d'Avdeevo, en Ukraine, l'autre de Brassempouy, en France. Elles ont plus de 20 000 ans.

L'art des grottes

De l'art préhistorique, on connaît surtout les peintures, gravures et sculptures réalisées sur des parois rocheuses. Des œuvres rupestres ornent des rochers ou l'entrée d'abris sous roche sur tous les continents, dans au moins 120 pays.

L'art pratiqué dans les profondeurs des grottes, loin de la lumière, est moins courant. Il est principalement connu en Europe, dans la moitié sud de la France et le nord de l'Espagne, ainsi que dans l'Oural. On en trouve quelques exemples sur le continent américain et en Australie.

Pourquoi le marquis de Sautuola a-t-il été accusé d'imposture ?

Cet Espagnol explorait la grotte d'Altamira avec sa fille quand celle-ci attira son attention sur les peintures couvrant les parois. Il identifia des bisons et en conclut qu'ils avaient été dessinés durant la préhistoire. C'était en 1879. Personne ne voulait croire que des hommes préhistoriques avaient pu réaliser de telles fresques et on accusa le marquis de les avoir dessinées. Les plus anciennes ont en fait 15 000 ans.

Comment les artistes préhistoriques travaillaient-ils les parois rocheuses ?

La gravure est la technique la plus fréquemment employée. La roche est entaillée avec un silex, pour graver les contours. Elle peut être striée ou raclée ensuite pour remplir la figure. Sur les parois argileuses, plus tendres, l'artiste peut se contenter d'un morceau d'os ou de bois, parfois même de ses doigts.

Pourquoi la palette de couleurs est-elle réduite ?

Les premiers artistes utilisent les colorants que la nature met à leur portée. Les traits noirs sont obtenus au fusain : un morceau de charbon de bois retiré d'un foyer. Pour les autres teintes, ils utilisent des fragments de roche naturellement colorées, des ocres rouges ou jaunes dont ils peuvent modifier la teinte en les chauffant. Le kaolin, une roche blanche, n'est utilisé que plus tard.

Les artistes de la préhistoire ont représenté les animaux qu'ils chassaient ou qu'ils voyaient. Sur les parois des grottes il y a très peu de représentations d'humains.

Comment appliquent-ils la peinture ?

Ils l'étalent avec le doigt ou avec un pinceau en poils d'animaux. Ils la tamponnent avec un tampon dc pcau ou de mousse. Ils peuvent aussi la projeter sur la paroi en soufflant au travers d'un os creux. C'est par cette technique qu'ils obtiennent les “mains négatives” se découpant sur un fond coloré comme si elles avaient été faites au pochoir.

Comment obtiennent-ils de la peinture ?

Les fragments de roche sont réduits en poudre et mélangés avec de l'eau ou avec de la graisse, végétale ou animale. Les premiers artistes connaissent donc la peinture à l'eau et la peinture à l'huile !

INCROYABLE !

- La grotte Chauvet, située dans le département français de l'Ardèche, est la plus ancienne grotte ornée connue. Les dessins, représentant plus de 400 animaux, datent de 32 000 ans !

Comment donnent-ils du volume aux animaux qu'ils représentent ?

Ils utilisent à merveille les creux et les bosses des parois rocheuses et peuvent, d'un coup de fusain complétant un relief, faire surgir un bison. Ils ont déjà inventé le dessin en trois dimensions ! Ils vont aussi découvrir les secrets de la perspective : par exemple, les pattes droites d'un animal vu de profil sont un peu plus courtes que les pattes gauches pour suggérer qu'il galope dans une plaine horizontale et non sur un mur vertical !

Pourquoi les bas-reliefs ne sont-ils sculptés que dans les parties éclairées naturellement ?

Il faut de longues semaines pour réaliser ces frises intégrées aux parois. L'artiste doit enlever au pic et au burin une importante épaisseur

de roche, parfois une dizaine de centimètres. Les peintures et gravures réalisées au fond des grottes, à la faible lumière de torches ou de lampes à graisse, étaient exécutées plus rapidement : les chercheurs estiment que quelques heures ont suffi pour réaliser les chevaux longs de plus d'1 m, de plusieurs couleurs, ornant la grotte de Lascaux.

Pourquoi les artistes préhistoriques étaient-ils modestes ?

Ils ne signent pas leurs œuvres et ne réalisent pas d'autoportraits comme l'ont fait beaucoup d'artistes après eux. En fait, ils dessinent rarement des personnages humains. On n'en compte qu'une centaine dans les quelque 300 grottes ornées étudiées en Europe.

Pourquoi les personnages humains ont-ils l'air si bizarre ?

Alors qu'ils dessinent si bien les animaux que les spécialistes peuvent estimer l'âge des bêtes figurées et reconnaître leurs attitudes, les artistes du paléolithique laissent toujours leurs dessins d'êtres humains inachevés ou avec des têtes déformées.

Pourquoi les fresques préhistoriques ne nous aident-elles pas à reconstituer les paysages ?

Elles ne représentent jamais l'environnement dans lequel vivent les animaux. Il n'y a pas un arbre, pas une plante identifiable, pas plus que de montagnes ou de rivières et encore moins de huttes ou de campements humains.

Cheval chinois faisant partie des animaux peints retrouvés dans la grotte de Lascaux.

Pourquoi la grotte de Lascaux est-elle si célèbre ?

Parce que l'ensembe des peintures sont extraordinaires. Découverte en 1940, la grotte semble avoir été un centre de rassemblement sûrement à but religieux et décorée pendant des milliers d'années, car les fresques reflètent une certaine évolution de l'art.

Pourquoi le bestiaire de la grotte Chauvet est-il exceptionnel ?

C'est non seulement le plus ancien que l'on connaisse, et l'un des plus riches, mais il se distingue aussi des autres par la proportion d'animaux dangereux.

Les rhinocéros, les lions, les mammouths et les ours représentent plus de la moitié des espèces figurées sur les parois de cette grotte. Dans toutes les autres grottes ornées connues, les chevaux, les bisons, les rennes et autres animaux herbivores sont les plus nombreux.

INCROYABLE !

- Située sur la côte méditerranéenne française, près de Marseille, la grotte Cosquer abrite les seules représentations connues de phoques et de pingouins.

De mystérieuses croyances

- *Comment expliquer que le même type d'art se retrouve dans le monde entier, durant au moins 20 000 ans ? Pourquoi des artistes ont-ils pénétré dans des grottes profondes pour peindre des œuvres que personne ou presque ne verrait ?*

- *Depuis le début du XXe siècle, les préhistoriens tentent de trouver un sens à l'art rupestre. Beaucoup y voient l'expression de croyances religieuses. Mais avec ses animaux réalistes, ses personnages bizarres et ses signes abstraits, l'art préhistorique compose un langage bien difficile à déchiffrer.*

Comment les artistes préhistoriques choisissent-ils les animaux représentés ?

On peut seulement remarquer qu'au début, les artistes représentaient surtout des animaux dangereux, alors que dans les périodes suivantes, la préférence est donnée aux grands herbivores. Mais les animaux représentés ne sont pas exactement ceux que l'on mange : les hommes de Lascaux consommaient du renne, mais n'en ont dessiné aucun sur les murs de la grotte !

Pourquoi certains animaux sont-ils percés de flèches ?

L'abbé Breuil, un préhistorien du début du siècle dernier, pensait que lorsque les artistes préhistoriques exécutaient leurs œuvres, ils se livraient en fait à des rites magiques. Tracer un bison percé d'une flèche devait favoriser la chasse ; peindre une jument au ventre rond facilitait la multiplication du gibier. Mais sa théorie n'expliquait pas tous les signes abstraits qui accompagnent les dessins.

Pourquoi les préhistoriens appellent-ils « sorciers » certains personnages représentés ?

Ils sont encore plus étranges que la plupart des autres

Main découverte sur une paroi de la grotte de Pech-Merle, en France et datant d'environ 22 000 ans.

figures humaines. En fait, ils sont mi-hommes mi-animaux, comme le sorcier de la grotte des Trois-Frères, en Dordogne : il a des yeux de chouette, des oreilles de renne, une queue de cheval et porte des bois de cerf.
Certains préhistoriens pensent que ces êtres sont des chamans, des hommes capables d'entrer en contact avec le monde des esprits, représentés par les animaux.

Pourquoi certaines mains peintes ont-elles des doigts en moins ?

Les mains se retrouvent dans le monde entier. On y voit une manière d'entrer en contact avec les esprits derrière les parois rocheuses. Mais dans certaines grottes, comme à Gargas dans les Pyrénées françaises, plus des deux tiers des mains ont des doigts qui manquent.
Les artistes ont pu perdre des doigts à cause des engelures durant l'hiver ou bien, ils repliaient leurs doigts : c'était peut-être un langage codé, comme celui utilisé par les plongeurs… et par les chasseurs aborigènes d'Australie.

INCROYABLE !

- Dans la grotte Chauvet, il faut parcourir une longue galerie à quatre pattes pour découvrir trois ours peints en rouge. À Lascaux, des gravures de félin ne sont accessibles qu'en rampant !

Le néolithique

- *Il y a 12 000 à 15 000 ans, la dernière glaciation s'achève. Le climat se réchauffe progressivement jusqu'à ressembler à celui que nous connaissons actuellement. La transition prend tout de même quelques millénaires : les températures les plus douces sont enregistrées, en Europe occidentale, entre 5 500 et 2 500 av. J-C.*
- *Le changement climatique a des répercussions sur la faune et la flore. C'est dans un paysage différent que s'ouvre un nouveau chapitre de l'humanité : le néolithique.*

Pourquoi appelle-t-on cette période le " nouvel âge de la pierre " ?

On a vu que les préhistoriens aimaient bien utiliser les outils comme repères chronologiques. Au néolithique, les hommes travaillent la pierre de manière différente : après l'avoir taillée, ils la polissent avec du sable comme on ponce une surface rugueuse pour la rendre lisse. Mais ce n'est là qu'une des nombreuses inventions du néolithique.

Pourquoi les grands troupeaux de rennes et de mammouths partent-ils au nord ?

Ils suivent le recul des glaciers, provoqué par le réchauffement climatique. Les rennes peuplent aujourd'hui encore la toundra, dans le grand Nord ; les mammouths, repliés dans la steppe russe, se sont finalement éteints.

Comment le paysage se transforme-t-il ?

La steppe se réduit à mesure que poussent les arbres. Vers 8 000 av. J.-C., l'Europe se couvre d'une forêt claire de bouleaux et de pins, semblable à la taïga actuelle. À mesure que le climat se réchauffe, celle-ci est remplacée, aux latitudes les plus tempérées, par une forêt plus dense de chênes, de tilleuls, d'ormes et de frênes. Sangliers et cerfs y prolifèrent.

Pourquoi les natoufiens du Proche-Orient abandonnent-ils leur vie de nomade ?

Ces hommes habitent le " croissant fertile ",

Pendant cette période, les hommes ont poli avec du sable, pour les rendre plus lisses, des pierres qu'ils utilisaient comme outils.

une région qui dessine sur une carte actuelle un croissant de lune allant d'Israël et des territoires palestiniens jusqu'au sud-est de la Turquie en passant par la Jordanie, le Liban, la Syrie, l'Irak et l'Iran. Avec le réchauffement du climat, il y pousse une savane arborée, où les Natoufiens disposent de ressources alimentaires variées. Ils n'ont alors plus besoin de se déplacer.

Comment se nourrissent les hommes ?

Ils chassent les moutons et les chèvres sauvages présents en grand nombre, pêchent dans les cours d'eau et les lacs près desquels ils habitent. Ils cueillent aussi de grandes quantités de céréales et de légumineuses (comme les pois et les lentilles) sauvages.

INCROYABLE !

- Armé d'une faucille en silex taillé, un archéologue américain a récolté suffisamment de céréales sauvages, en deux semaines, pour nourrir une famille de quatre personnes pendant un an.

Naissance de l'agriculture

• *Un des grands bouleversements du néolithique est la naissance de l'agriculture. Après avoir cueilli les végétaux que la nature leur offrait, les hommes sèment les plantes dont ils ont besoin. En faisant cela, ils vont transformer les végétaux, les paysages mais aussi la société humaine.*

• *On trouve les traces les plus anciennes de culture dans le " croissant fertile ", au Proche-Orient, avec des blés domestiqués vieux de 11 000 ans. L'orge, le pois, la lentille et le lin sont cultivés quelques siècles plus tard.*

Pourquoi les natoufiens se font-ils cultivateurs s'ils peuvent récolter des céréales sauvages ?

Les hommes ont toujours besoin de maîtriser les choses. Au lieu de laisser faire la nature, ils ont voulu intervenir sur le cycle des plantes : de la graine qui germe au grain mûr. Ils le connaissaient bien pour l'avoir observé depuis des générations. Ils ont pu être incités par le fait que la cueillette ne suffisait plus à nourrir tout le monde.

Pourquoi y aurait-il eu pénurie de plantes sauvages ?

À l'abri des villages, la population augmente vite. Elle est mieux nourrie car il est possible de stocker des réserves. Les femmes perdent moins d'enfants que quand elles devaient voyager et ont des grossesses moins espacées. En moins de mille ans, la surface des villages où va naître l'agriculture est multipliée par dix. La cueillette de l'orge et du blé, des lentilles et des pois sauvages ne suffit plus : il faut les cultiver.

Comment distingue-t-on un blé sauvage d'un blé domestiqué ?

La culture transforme les plantes peu à peu car l'homme, au fil des années, sélectionne les semences. Les grains du blé sauvage tombent dès qu'ils sont mûrs et il faut couper les épis encore verts. Le blé domestiqué porte davantage de grains, qui mûrissent tous en même temps et restent bien fixés à une tige plus solide. Il a fallu plusieurs générations de cultivateurs pour obtenir ce résultat.

L'agriculture est née pendant le néolithique au Proche-Orient.

Pourquoi les Européens ne figurent-ils pas sur le faire-part de naissance ?

Ils ne font pas partie des inventeurs de l'agriculture, parce que l'environnement ne met à leur disposition aucune céréale ou légumineuse à cultiver. Pratiquement toutes les plantes qui poussent dans nos champs aujourd'hui viennent d'ailleurs !

Pourquoi l'agriculture a-t-elle plusieurs berceaux ?

À des dates différentes, sur plusieurs continents, des hommes ont commencé à cultiver les plantes qu'ils cueillaient auparavant. Au Pérou, des habitants des Andes cultivaient le piment et les haricots il y a plus de 8 000 ans ; les Mexicains inaugurent la culture du maïs et de la courge. En Asie, l'agriculture voit le jour il y a 8 500 ans sur les bords du fleuve Jaune, où on cultive le millet, le chou et le navet ; le soja et le riz seront domestiqués un peu plus tard dans les régions du Sud.

INCROYABLE !

- Il a fallu 3 000 ans pour que les épis de maïs atteignent 6 cm de long. Le taro, un tubercule comme la pomme de terre, était déjà cultivé en Nouvelle-Guinée il y a 10 000 ans.

Les premiers paysans

- *L'agriculture s'est diffusée dans le monde entier à partir de ses foyers d'origine. Elle arrive en Europe depuis le Proche-Orient, dans les bagages de cultivateurs qui migrent par vagues successives, peut-être à la recherche de nouvelles terres.*

- *Des villages d'agriculteurs existent en Grèce vers 7 000 av. J.-C. ; 1 000 ans plus tard, l'agriculture est présente en France et en Espagne. Suivant un autre itinéraire, le long de la vallée du Danube, des agriculteurs-éleveurs s'établissent sur les bords du Rhin vers 5 500 av. J.-C.*

Comment les premiers agriculteurs travaillent-ils la terre ?

Ils préparent la terre avec une houe, sorte de pioche, en silex ou en bois fixée sur un manche. C'est encore le principal outil des paysans pauvres, sauf que la partie au contact de la terre est aujourd'hui en métal.

Comment sèment-ils ?

Ils creusent grossièrement la terre avec un bâton à fouir : c'est un bâton taillé en pointe au bout duquel on insère un gros galet percé en son centre. Les graines sont semées “ en poquet ”, par poignées, dans chaque trou creusé.

Comment moissonnent-ils ?

Ils récoltent les céréales cultivées comme les natoufiens le faisaient avec les céréales sauvages : ils coupent les épis au moyen d'une faucille. Il y a plusieurs sortes de faucilles : le manche en bois est généralement recourbé pour rassembler les épis. On y insère soit une seule et longue lame de silex, soit une série de lames de silex semblables à des dents de requin… et tout aussi coupantes !

Pourquoi l'araire leur facilite-t-il le travail ?

Cet ancêtre de la charrue ouvre la terre, creusant des sillons où les graines sont semées en ligne puis

L'invention de l'araire, qui est l'ancêtre de la charrue, a permis de creuser des sillons plus profonds améliorant ainsi la germination des graines.

recouvertes. Les chances de germination sont plus grandes. L'araire est connu au Proche-Orient et en Égypte vers 4 000 av. J.C. Tiré par des hommes ou par des bœufs, il permet de mettre en culture de plus grandes surfaces.

Pourquoi les premiers paysans français déménagent-ils régulièrement ?

À force d'être cultivée, la terre s'épuise, ou est envahie par les mauvaises herbes. Les paysans pratiquent généralement une rotation des cultures sur les champs autour du village. Mais au bout d'une dizaine d'années, ils doivent abandonner ces champs pour en cultiver d'autres plus loin. C'est du moins ce que l'on a observé dans la vallée de l'Aisne, dans le nord-est de la France.

Pourquoi les forêts diminuent-elles ?

Les nouvelles terres mises en culture sont gagnées sur les forêts. La hache, en pierre polie, qui sert à abattre les arbres est d'ailleurs un symbole du néolithique. Pour nettoyer le terrain, les paysans mettent ensuite le feu. Les cendres fertilisent le sol et les graines de mauvaises herbes grillent. Cette culture sur brûlis a aussi l'avantage de réduire le travail de préparation de la terre.

INCROYABLE !

- Dès le néolithique, la garrigue a commencé à se former dans les régions méditerranéennes. Le buis s'installait là où la forêt était détruite, pour le bois des arbres ou y faire des cultures.

La domestication animale

Les hommes du néolithique entreprennent aussi de domestiquer les animaux. Comme l'agriculture, l'élevage naît progressivement, en plusieurs lieux très éloignés. Le Proche-Orient, à nouveau, semble en avance : le mouton et la chèvre domestiques apparaissent entre 10 000 av. J.-C. et 9 000 av. J.-C.

Un animal domestique est un animal qui ne vit et ne se reproduit que sous le contrôle de l'homme.

Pourquoi le chien est-il le meilleur ami de l'homme ?

C'est le plus ancien compagnon des humains et une exception puisqu'il vivait avec les hommes bien avant l'invention de l'agriculture. Son ancêtre est le loup, domestiqué pour la première fois, il y a environ 12 000 ans, par des chasseurs du Grand Nord.

Pourquoi les chasseurs ont-ils domestiqué le loup ?

Originaires d'Amérique du Nord, les loups côtoient les hommes, en Europe, depuis 700 000 ans. Les chasseurs ont trouvé dans le loup, apprivoisé puis domestiqué, un excellent pisteur et compagnon de chasse.

Comment le loup est-il devenu un chien ?

Les hommes ont probablement recueilli des louveteaux dont les parents avaient été tués. Ils les ont nourris, protégés ; les enfants les ont adoptés pour compagnons de jeux. Un animal qui grandit auprès des hommes change de comportement. Au fil du temps, les hommes ont sélectionné et croisé les animaux à la fois bons chasseurs et dociles. Le loup a rapetissé, son museau s'est raccourci. Il est devenu chien.

Les moutons et les chèvres ont été domestiqués pour la première fois, il y a 12 000 ans environ.

Comment les chasseurs se transforment-ils en éleveurs ?

On a retrouvé, des îles Britanniques jusque dans le désert du Néguev en Israël, des enclos

vieux de 15 000 ans, qui témoignent des premières tentatives pour parquer des animaux. Ces essais ont dû se multiplier avec l'apparition des villages et des champs : déchets et récoltes attiraient sans doute beaucoup d'animaux. Plutôt que de clôturer les cultures, il était plus facile de pousser ces “ pique-assiette ” dans des enclos. Une telle scène a été dessinée par des hommes du néolithique, à Rouyoum, en Jordanie.

Pourquoi leur fallait-il beaucoup de patience ?

Il ne suffit pas de parquer un animal pour constituer un troupeau capable de se reproduire ! Les préhistoriens ont reconstitué les efforts des habitants des plateaux andins en Amérique du Sud, pour domestiquer le guanaco et la vigogne, ancêtres sauvages du lama et de l'alpaga. Au moins 2 500 ans se sont écoulés entre les premières tentatives et l'apparition, vers 4 800 av. J.-C. du premier alpaga domestique, reconnaissable à ses dents. Il faudra encore attendre 2 000 ans pour voir le premier lama !

INCROYABLE !

- Les chiens de berger ne sont apparus qu'au Moyen Âge. Depuis la domestication du loup, l'homme a créé plus de 400 races de chiens.

Pourquoi les éleveurs de moutons ont-ils eu une heureuse surprise ?

Le mouflon, son ancêtre sauvage, ne produit pas de laine. Il n'a donc pas été domestiqué pour sa toison mais plus probablement pour sa viande, comme la plupart des animaux. En évoluant vers le mouton, il a donné aux hommes une autre bonne raison de l'élever : cette laine qui repousse quand on la tond et qui fait de confortables vêtements.

Pourquoi Obélix peut-il encore confondre sangliers et cochons ?

Dans " Astérix en Corse ", on voit Obélix, grand amateur de sanglier rôti, s'extasier devant les porcs qui vagabondent à l'entrée d'un village : " Oh ! regarde ! Des sangliers domestiques ! " Il n'a pas tout à fait tort : le porc a pour ancêtre, déjà lointain à l'époque des Gaulois, le sanglier sauvage. Comme le sanglier, le porc est noir et velu : il ne devient rose qu'au XVIIIe siècle quand on sélectionne des animaux atteints d'albinisme, un défaut de pigmentation de la peau.

Comment la domestication a-t-elle sauvé le cheval ?

Originaire, comme le loup, d'Amérique du Nord, le cheval vit en troupeaux dans les steppes froides de l'Europe et de l'Asie glaciaire. Il est un gibier de choix pour les chasseurs. Le réchauffement climatique a failli entraîner sa disparition. Heureusement, des hommes, habitant au sud de la plaine d'Ukraine et au nord des montagnes du Caucase, l'ont domestiqué il y a un peu plus de 5 000 ans. Désormais, le cheval allait se reproduire grâce à l'homme.

Pourquoi le cheval est-il une grande conquête de l'homme ?

Tu as sans doute déjà vu des images de rodéos, quand le cheval se cabre et rue pour faire tomber son cavalier. Les chevaux préhistoriques devaient être encore plus rebelles, car dans la nature, s'ils sentent un poids sur le dos, c'est généralement signe qu'un fauve se prépare à dîner ! Dresser de si fougueux animaux était une preuve de la puissance humaine. Une fois attelés à des chars ou montés, ils deviendront des instruments de conquête.

Pourquoi n'y a-t-il pas de basses-cours dans les premiers villages européens ?

Le coq - ou la poule - a été domestiqué dans la vallée de l'Indus, dans le Pakistan

Le sanglier domestiqué est l'ancêtre du porc.

actuel, vers 6 000 av. J.-C. À cette époque, les premiers agriculteurs introduisent les

chèvres, moutons et bœufs en Europe, depuis le Proche-Orient. Mais les premières volailles n'arrivent en Europe qu'après 2 000 av. J.-C. Pour la pintade, originaire d'Afrique, il faut attendre la conquête romaine. Le dindon, domestiqué au Mexique il y a 7 000 ans, ne traversera l'Atlantique qu'après la conquête espagnole au XVIe siècle.

Comment les premiers paysans récoltent-ils le miel ?

Ils pillent les colonies d'abeilles sauvages... en tuant leurs occupantes ! Cette méthode sera utilisée jusqu'à l'invention des ruches en bois, au XIXe siècle. C'est seulement à partir de ce moment que les apiculteurs domestiquent les abeilles.

INCROYABLE !

- L'homme a tenté de domestiquer ou a domestiqué au moins 200 espèces d'animaux. Le plus petit est le bombyx du mûrier : la chenille de ce papillon, élevée en Chine depuis 4 500 ans, fabrique des cocons en fil de soie.

Les premiers villages

Le village, qui regroupe plusieurs habitations solides occupées en permanence, n'est pas une invention des agriculteurs. Au Proche-Orient, les chasseurs-cueilleurs natoufiens ont établi les premiers villages à partir de 11 000 av. J.-C.

Il existe sur le continent américain, le long de la côte Pacifique, de nombreux villages de pêcheurs à partir de 7 000 av. J.-C. Partout, les villages vont se généraliser avec l'agriculture. Ils s'entoureront de palissades ou de murs de pierre pour empêcher les divagations du bétail mais aussi pour se protéger des envieux.

Pourquoi ne reste-t-il pas grand chose des toutes premières maisons ?

À Paloma, au Pérou, les premiers villageois habitaient de petites maisons en roseaux. À Mureybet, en Syrie, on construisait en argile, un matériau tout aussi périssable.

Pourquoi les maisons deviennent-elles rectangulaires ?

Les maisons du Proche-Orient sont d'abord rondes et en partie enterrées. Les murs et le toit s'élèvent sur une fosse creusée en rond. Agrandir ces maisons est un peu compliqué. La forme carrée ou rectangulaire permet d'ajouter plus facilement des pièces, et de rapprocher davantage les maisons. Car les villages agricoles ne cessent de grandir.

Comment fabrique-t-on les briques d'argile ?

L'argile est mêlée de paille pour qu'elle se tasse moins en séchant. Les briques sont formées à la main. À partir de 4 000 av. J.-C., les villageois du Proche-Orient utilisent des moules rectangulaires. Ils peuvent fabriquer des briques plus régulières, en série. Elles durcissent toujours au soleil et c'est pourquoi on parle de “ briques crues ”.

Comment les sols sont-ils réalisés ?

Il n'y a pas de plancher dans les maisons

Les toutes premières maisons étaient construites avec des briques en argile qui, au cours des milliers d'années, n'ont pas résisté à l'érosion ni au temps.

du Proche-Orient. Les sols, dès 7 600 av. J.-C., sont souvent recouverts de chaux, de même que les murs. La chaux est un nouveau matériau employé au néolithique : elle s'obtient en brûlant du calcaire ; cette matière est ensuite mêlée à de l'eau. Ailleurs, les sols sont souvent en terre battue.

Pourquoi Sesklo se distingue-t-il de ses modèles ?

Ce village situé dans le nord de la Grèce est l'un des plus anciens villages connus en Europe. Fondé vers 6 000 av. J.-C., il a pour modèle les villages du Proche-Orient mais ses bâtisseurs ont adapté l'architecture à l'environnement : les murs, en briques crues, sont élevés sur un soubassement de pierres sèches. Au lieu d'un toit plat, en terrasse, les maisons ont un toit en chaume (du foin séché) à double pente, mieux adapté à un climat un peu plus pluvieux.

INCROYABLE !

- Lits ou armoires, les meubles étaient fabriqués dans le même matériau que la maison : en argile au Proche-Orient… et en pierres sèches dans les régions méditerranéennes ou en Écosse.

Comment reconnaître une maison danubienne ?

Les populations qui se sont installées depuis l'embouchure du Danube, au bord de la mer Noire, jusque dans la région parisienne, construisent des maisons rectangulaires à poteaux de bois. Entre les poteaux, des branches sont entrecroisées puis ce clayonnage est colmaté avec du torchis, un mélange de paille et de terre.

Pourquoi les chercheurs ont-ils pris les décharges des villages danubiens pour des maisons ?

La terre nécessaire au torchis était prélevée dans des fosses allongées le long des maisons. Ensuite, les habitants y jetaient leurs détritus, y compris les poteries cassées. Les premiers

préhistoriens qui découvrirent ces riches vestiges ont cru qu'ils avaient trouvé des fonds de cabane ; pour eux, les constructions rectangulaires moins remplies n'étaient que des greniers !

Pourquoi l'orientation des maisons danubiennes est-elle très stricte ?

Elles tournent toujours le dos aux vents dominants qui, de la Hongrie à l'Allemagne et aux Pays-Bas, peuvent souffler fort ! La porte ouvrait donc à l'est ou au sud, sur le petit côté de ces grandes maisons, larges de 6 m, longues de 10 à plus de 40 m.

Comment connaît-on leur organisation ?

Les poteaux soutenant le toit ont laissé des marques noires distinctes sur les sols et les archéologues ont trouvé quelques maquettes en argile. L'entrée ouvre sur un espace doté parfois d'une pièce surélevée, sans doute un grenier. La partie centrale, qui occupe la plus grande partie de la maison, sert à l'habitation et s'organise autour d'un four en argile ; elle peut être cloisonnée en plus petites pièces. Une pièce, tout au fond, sert de cellier.

Pourquoi les villages alpins ont-ils laissé derrière eux des forêts de pieux en bois ?

Ces pieux servaient de fondations à des maisons bâties en bordure des lacs alpins, sur des sols instables

Pour entreposer leurs graines, les premiers agriculteurs construisirent des greniers sur pilotis, pour éviter l'humidité du sol et pour que les animaux ne puissent pas y avoir accès.

et inondables. Le plancher de ces maisons entièrement en bois était posé sur ces pieux, au ras du sol ou surélevé selon les endroits. À Chalain, dans le Jura français, des pieux profondément enfoncés dans le sol supportaient également les greniers et les chemins de bois permettant de circuler entre les bâtiments et jusqu'aux champs, situés sur la terre ferme.

Pourquoi les constructeurs des maisons alpines ne chômaient-ils pas ? Parce que le toit de ces maisons de bois est en chaume, c'est-à-dire en paille.

La couverture demande un travail énorme. Une équipe de préhistoriens a reconstruit quelques maisons à Chalain, avec les matériaux et les moyens du néolithique : la fauche des céréales puis la préparation du chaume a exigé 2000 heures de travail, 20 fois plus que la préparation du bois. Mais cela en valait la peine : ces toits de paille ont supporté sans dommage des chutes de neige de 90 cm en 5 jours, alors que les toitures en tuile des maisons modernes aux alentours ont beaucoup moins bien résisté.

INCROYABLE !

• À la fin du néolithique, quand le Proche-Orient invente la ville, l'Europe ne compte guère de villages de plus de 100 maisons.

La poterie

- *Les plus anciens objets en terre cuite que l'on connaisse sont des statuettes représentant des animaux et des personnages humains.*

- *Découvertes à Dolni Vestonice, en République tchèque, ces poteries sont vieilles de 25 000 ans. Elles paraissent être des exceptions. Ce n'est que bien plus tard que la poterie, ou céramique, est redécouverte. Au Japon, des chasseurs-cueilleurs de la culture Jomon fabriquent les premiers pots en terre cuite, il y a 12 000 ans. La céramique n'apparaît pas avant 6 500 av. J.-C. chez les agriculteurs du Proche-Orient.*

Pourquoi la poterie est-elle un indice de sédentarisation ?

Un objet en argile cuite casse facilement et c'est beaucoup plus encombrant qu'une outre en peau. La poterie n'est fabriquée et utilisée que par des gens qui ont un domicile fixe.

Pourquoi la poterie a-t-elle été adoptée par les premiers paysans ?

Elle permet de disposer de récipients de toute forme, de contenances variées, très utiles pour stocker le grain, le lait et tous les produits de l'agriculture. Elle facilite la vie des cuisinières puisqu'on peut la mettre directement sur le feu.

Comment les premiers potiers travaillent-ils ?

Chaque foyer fabriquait ses pots et jarres. La technique est à la portée de tout le monde : il faut rouler des boulettes d'argile en “ boudins ” ou colombins. Puis on superpose ces colombins pour former le récipient. Ensuite on lisse, en humidifiant l'argile.

Comment cuit-on les poteries ?

Pendant très longtemps, les poteries ont simplement

Pour qu'ils soient plus solides, les vases en argile étaient cuits dans un feu de bois.

séché au soleil. Mais il fallait de longues semaines, parfois même plusieurs mois, pour que l'argile durcisse suffisamment. Puis les hommes ont découvert que le feu durcissait la terre mieux et plus vite. On cuit alors les pots entre des branchages, directement sur le sol, ou dans des fosses. Plus tard, les potiers disposeront de fours fermés, permettant d'atteindre des températures de cuisson plus élevées.

Comment les poteries sont-elles décorées ?

Au Proche-Orient, en Égypte ou en Grèce, elles sont peintes avec des colorants naturels avant la cuisson. En Europe centrale et occidentale, c'est beaucoup plus rare. Les potiers décorent leur production en appuyant des coquillages sur la terre encore crue, ou ils utilisent des spatules, des peignes ou des poinçons pour tracer des motifs géométriques. Chaque groupe a ses motifs préférés et les préhistoriens utilisent les décors de poterie pour identifier les cultures régionales.

INCROYABLE !

- Le tour de potier apparaît au Proche-Orient vers 3 400 av. J.-C. et en Égypte moins de deux siècles plus tard. Les Européens n'en possèderont pas avant 600 av. J.-C.

La vie villageoise

- *En se faisant agriculteur-éleveur, l'homme s'est condamné au travail. Un chasseur-cueilleur ne passe que 3 ou 4 heures à se procurer sa nourriture quotidienne ; le travail des champs et les soins aux animaux exigent davantage.*

- *Les premiers paysans connaissent une plus grande sécurité et un confort plus important dans leurs villages. La construction des maisons est l'occasion d'exprimer une autre forme de solidarité que le partage du gibier. Ce sont deux modes de vie si différents que les préhistoriens parlent de “ révolution néolithique ”.*

Pourquoi les premiers paysans ont-ils plus souvent mal aux dents ?

Avec l'agriculture, apparaissent les caries ! Les hommes du néolithique absorbent davantage de sucre que les chasseurs du paléolithique, car ils mangent principalement des céréales et des laitages.

Pourquoi la transformation du grain en farine prend-elle beaucoup de temps ?

Après avoir moissonné les céréales, il faut battre les gerbes avec des branchages pour en faire tomber les grains. Ceux-ci sont écrasés sur une pierre plate, la meule, au moyen d'une pierre ronde,

la molette : un travail long et fatigant, qui se pratique en position accroupie. Les grains moulus sont recueillis dans une peau glissée sous la meule.

Pourquoi fallait-il faire preuve d'astuce pour conserver les grains ?

Ils devaient être mis à l'abri des animaux et de l'humidité. Les grains peuvent être conservés dans la maison, dans des resserres généralement surélevées, ou dans des greniers indépendants. On les place dans des vases en terre cuite, parfois suspendus par des cordes, ou dans des paniers. Ils peuvent aussi être stockés dans des silos extérieurs : des fosses profondes de 2 m,

Les femmes préparaient des galettes à base de farine et les faisaient cuire sur des pierres plates posées au-dessus du foyer.

dont les parois sont recouvertes d'argile et d'une pierre plate.

Comment les galettes sont-elles cuites ?

Sur une pierre plate posée au-dessus du feu, dans le foyer qui équipe chaque maison. Plus tard, on voit apparaître dans certaines habitations des fours aux parois en argile. Sur le dessus du four, s'ouvre une petite cheminée.

Pourquoi certaines poteries sont-elles criblées de trous ?

Ce sont des faisselles, utilisées pour fabriquer les fromages. À mesure que le lait caille, le petit lait s'égoutte par les trous. Les plus vieilles faisselles à fromage, très semblables à celles qu'on utilise encore, sont vieilles d'environ 6 000 ans.

INCROYABLE !

- Il y a 12 000 ans, la Terre comptait entre 5 et 10 millions d'habitants. Sous l'effet de la révolution néolithique, la population est 10 fois plus importante 1 000 ans avant notre ère.

Pourquoi les vanniers mésopotamiens sont-ils si affairés ?

En Mésopotamie, pays du “ croissant fertile ”, correspondant principalement à l’actuel Irak, la natte en roseau est très utilisée : elle couvre le sol en terre battue, la banquette en argile qui sert de lit ; elle permet d’emballer des objets. Il faut donc en tresser beaucoup. Les vanniers tressent aussi des paniers. Partout au néolithique, même après l’invention de la poterie, on continue d’utiliser des récipients en vannerie. En Europe, ils sont plutôt en osier.

Pourquoi les vêtements sont-ils plus légers ?

Ils sont en tissu, autre grande invention du néolithique. La principale fibre textile utilisée est le lin, cultivé

dans les champs. Les Égyptiens travaillent le chanvre, une autre fibre issue d’une plante, après 5 000 av. J.-C. On tisse également la laine, qu’elle soit en poils de mouton, de chèvre, de chameau ou de lama.

Comment transforme-t-on la laine en fibre utilisable ?

Il faut d’abord la carder, c’est-à-dire séparer les poils et les débarrasser de leurs impuretés. Les préhistoriens ont retrouvé des peignes à carder faits de côtes de bœuf taillées en pointe et liées entre elles. Ensuite la laine est étirée sur un fuseau, un bâton ou un os. Ce fuseau est lesté par des disques en pierre ou en argile troués en leur centre. Leur poids aide à faire tourner le fuseau tenu d’une main, tandis que l’autre étire, ou file la laine.

Comment les vêtements sont-ils tissés ?

Des fragments de tissus témoignent que le métier à tisser existe dès le néolithique. Les métiers les plus anciens ne se sont

pas conservés : les préhistoriens pensent qu’ils ressemblaient à celui qui est représenté sur une poterie égyptienne de 4 400 av. J.-C. Il s’agit d’un simple cadre de bois dressé à la verticale. Les fils sont attachés au montant supérieur et tendus grâce à des galets suspendus

Quand les hommes ont su traiter la laine et obtenir des fils, ils ont pu tisser des tissus pour réaliser des vêtements plus fins et surtout plus souples.

Comment vérifiaient-elles qu'elles étaient bien maquillées ?

Elles pouvaient se contempler dans des miroirs d'obsidienne, une pierre noire volcanique naturellement brillante, que l'on polissait pour améliorer son pouvoir de refléter l'image.

à leur extrémité inférieure. On croise sur ces fils d'autres fils que l'on serre au fur et à mesure avec des peignes.

Comment les habitantes de Çatal Höyük (p 123) se maquillent-elles ?

On a trouvé auprès des squelettes de ces femmes, qui vivaient en Turquie, les premiers accessoires de maquillage connus. Ce sont des poudres et des bâtons faits d'ocre rouge, d'azurite bleue, de malachite verte, des pierres naturellement colorées, qui étaient contenus dans des étuis en peau fine.

INCROYABLE !

- Les hommes du néolithique avaient déjà inventé les espadrilles : les préhistoriens ont retrouvé des semelles de chaussures en corde datant de cette époque.

De nouvelles croyances

• *Pendant le néolithique, des hommes peignent et gravent encore les rochers dans les Alpes, côté italien et côté français, comme dans le Sahara qui n'est pas encore un désert. Ils représentent leur nouvelle vie, nous laissant des images de bœufs tirant l'araire ou allant paître.*

Les animaux sauvages semblent avoir disparu. En revanche, plus personne ne va dessiner dans les grottes, sous terre. Les croyances et la manière de les exprimer changent en même temps que la façon de vivre. Pour la première fois, des divinités apparaissent.

Comment les habitants de Mureybet décorent-ils leurs maisons ?

Avant même d'être devenus des cultivateurs, les habitants de ce village natoufien intègrent des crânes et des cornes d'aurochs dans les murs en argile de leurs maisons. Pour les préhistoriens, c'est le témoignage de nouvelles croyances. Avant de domestiquer l'aurochs, on le vénère, comme pour apprivoiser son esprit.

Comment les agriculteurs du néolithique vénèrent-ils le dieu-taureau ?

Ils le représentent partout et de toutes les façons. En Turquie, des cornes de taureaux sont posées sur les piliers de sanctuaires, des taureaux sont sculptés sur les bas-reliefs. En Europe aussi, on a retrouvé des crânes et des cornes dans des tombes, ou déposés en offrande dans des fosses dans le sol des maisons.
À Varna, en Bulgarie, des tombes contenaient des feuilles d'or découpées en forme de taureau.

Pourquoi ont-ils choisi le taureau comme dieu ?

Le taureau est puissant et, sous la forme du bœuf domestique, il occupe une place importante dans la nouvelle société agricole. Il fournit sa force de trait, sa viande et sa peau. Les représentations l'associent souvent à l'orage, à la foudre. Il semble que les hommes du néolithique l'invoquaient pour faire venir la pluie qui rend la terre féconde, capable de donner la vie.

Les habitants de Jéricho accrochaient dans leurs maisons les crânes recouverts d'argile de leurs ancêtres. C'était sans doute pour eux une manière de les honorer.

Pourquoi les habitants de Jéricho possèdent-ils d'étranges masques ?

Comme d'autres populations du Proche-Orient, ils recouvrent d'argile les crânes de leurs proches défunts, comme pour faire un masque. Des coquillages sont posés à la place des yeux. Ces crânes sont conservés dans les maisons ou les sanctuaires, disposés le long des murs.

Comment distinguer les « Vénus » des chasseurs des « déesses-mères » des agriculteurs ?

Ces statuettes féminines ont en commun d'avoir de fortes hanches et des seins très ronds. Mais les représentations féminines du néolithique, qu'on trouve dans les maisons et dans les tombes, sont parfois accompagnées de panthères. Beaucoup sont en train d'accoucher ou portent un enfant dans les bras. Elles sont l'image de la « Maîtresse des animaux » et de la « Grande Déesse » qui donne la vie, dont parleront les premiers textes écrits.

INCROYABLE !

- On a découvert sur un mur d'une maison de Çatal Höyük, en Turquie, le premier paysage jamais peint : une vue de cette agglomération avec un volcan en éruption dans le fond.

Les mégalithes

- *Les hommes du néolithique enterrent plus fréquemment leurs morts, même s'ils ne les inhument pas tous.*
- *En même temps que les premiers villages paysans, apparaissent les premiers cimetières où les morts sont enterrés dans de simples fosses individuelles. Progressivement, les tombes deviennent collectives et accueillent plusieurs générations de défunts. Elles prennent aussi des dimensions monumentales avec les dolmens.*

Comment fait-on la différence entre un dolmen et un menhir ?

Le mot " dolmen " signifie " table de pierre " en breton. Il désigne un tombeau collectif formé de pierres dressées sur lesquelles sont posées à plat d'autres pierres. Le menhir est une grande pierre dressée vers le ciel.

En fait, les mégalithes sont beaucoup plus anciens : les plus vieux ont 8 000 ans.

Pourquoi Obélix n'a-t-il pas pu tailler des menhirs ?

Obélix, le célèbre personnage de bande dessinée, est un Gaulois. À partir du XVIIIe siècle, s'est répandue l'idée que les mégalithes étaient dus aux Gaulois et à leurs cousins celtes. On disait même que les druides sacrifiaient des victimes humaines sur les dolmens !

Pourquoi a-t-on attribué la construction des mégalithes aux Celtes ?

La confusion vient du fait que beaucoup de mégalithes se trouvent en Bretagne et dans les îles Britanniques, où vécurent les Celtes et où on parle encore des langues celtiques. Mais on trouve aussi des mégalithes, de formes diverses, tout autour

Le dolmen le plus important était réservé au chef de la tribu. Son corps était porté sur une sorte de civière jusqu'au tombeau de pierre.

de la Méditerranée, en Europe du Nord, en Océanie ou en Corée.

Pourquoi les dolmens sont-ils si énormes ?

La table de pierre que l'on connaît n'est qu'un élément d'un gigantesque ensemble. Les blocs de pierres sont les murs et le plafond de grandes pièces, larges de plusieurs mètres, où l'on plaçait les morts. On accédait parfois à ces chambres funéraires par de longs couloirs formés par une succession de dalles.

À Gavrinis, en Bretagne, le couloir est long de 14 m.

Pourquoi les dolmens que l'on voit sont-ils tout nus ?

Le dolmen était recouvert de terre et formait une colline artificielle, appelée tumulus, ou cairn lorsque le dolmen était couvert de pierres sèches. Les dolmens apparents ont été dégagés de leur colline protectrice.

INCROYABLE !

- Le plus gros tumulus préhistorique d'Europe se trouve à 100 km à l'ouest de Londres. Faite de blocs de craie empilés, la colline de Silsbury est haute de 40 m. On n'y a trouvé aucun dolmen !

Comment les hommes du Néolithique déplaçaient-ils les lourds blocs de pierre ?

Ils n'avaient ni potion magique ni machine pour les aider à soulever des blocs

qui pesaient fréquemment 10 à 20 tonnes. Ils pouvaient faire glisser ces blocs sur des rails de bois enduits de boue. La solution la plus efficace devait être de placer sur ces rails des troncs d'arbre qui roulaient, en entraînant le bloc. Mais celui-ci devait toujours être tiré au moyen de cordes par des hommes !

Comment dressaient-ils les menhirs ?

Les pierres étaient sans doute basculées dans un trou, dont une paroi était inclinée. Puis elles étaient dressées au moyen de cordes attachées à leur sommet. Ensuite, on comblait le trou.

Comment posait-on le « toit » des dolmens ?

Les spécialistes ont deux hypothèses. Les constructeurs des mégalithes pouvaient aménager un plan incliné en terre, sur lequel on tirait le bloc, avant de le faire basculer pour le poser. C'est la solution qu'adopteront plus tard les Égyptiens pour construire

les pyramides. Ou bien, la dalle était montée progressivement en soulevant une extrémité puis l'autre avec des leviers de bois. Cette technique a été utilisée par un préhistorien français pour construire un dolmen comme au néolithique.

Pourquoi fallait-il beaucoup d'hommes ?

Lors de cette expérience, une centaine d'hommes ont travaillé à la construction d'un seul dolmen fait de blocs de 30 tonnes. Les pierres les plus lourdes, comme le grand menhir, aujourd'hui cassé, de Locmariaquer, en Bretagne, pèsent dix fois plus.

Pourquoi consacraient-ils tant d'efforts à dresser des menhirs ?

Il est impossible de trouver un sens évident aux menhirs, tantôt isolés, tantôt alignés. Les statues-menhirs du sud de la France, sculptées, évoquent des dieux ou plus souvent des déesses ; la plupart des autres menhirs sont muets !

Pourquoi pense-t-on que les alignements servaient d'observatoire astronomique ?

Il existe de grands ensembles de menhirs, placés en ligne comme à Carnac, en Bretagne,

L'ensemble de menhirs de Stonehenge semble orienté en fonction du Soleil. Était-il un observatoire ou un monument dédié au dieu Soleil ?

ou en cercles comme à Stonehenge, en Angleterre. Tous semblent orientés en fonction de la course du soleil. C'est comme si l'emplacement des pierres était calculé de telle sorte que certaines soient touchées par le soleil, au lever ou au coucher, lors de dates très particulières.

Comment les mégalithes peuvent-ils servir de drapeau ?

Pour certains préhistoriens, ce qui compte dans la construction des mégalithes, c'est le travail colossal réalisé en commun. Un mégalithe est toujours visible de loin, comme s'il marquait le territoire de la communauté de bâtisseurs. Quelle que soit sa fonction, le monument démontrait que cette communauté était suffisamment organisée et soudée pour réaliser de telles prouesses.

INCROYABLE !

- À Carnac, en Bretagne, trois ensembles alignent au total 2 627 menhirs. À Stonehenge, les blocs forment quatre cercles, dont le plus grand mesure 31 m de diamètre.

La découverte des métaux

- *Il y a environ 9 000 ans, des hommes habitant l'actuelle Turquie fabriquent des objets en cuivre.*
- *Après l'âge de la pierre, l'humanité entre dans l'âge des métaux. La métallurgie du cuivre se diffuse vraiment après la mise au point, 3 000 ans plus tard, de fours permettant de transformer efficacement en métal le minerai trouvé dans la nature.*

- *Après le cuivre et l'or, les forgerons travaillent le bronze vers 3 000 av. J.-C. et le fer à partir de 1 500 av. J.-C.*

Pourquoi les hommes de l'époque se montrent-ils soucieux de leur apparence ?

Les premiers objets en cuivre ou en or sont des parures et des bijoux. Les hommes ont déjà toutes sortes d'outils. Quand ils découvrent des cailloux brillants au fond d'une rivière ou dans un morceau de roche, ils les gardent parce qu'ils ne sont pas ordinaires. De ces trésors, ils font logiquement des ornements, pas des objets utiles.

Comment les forgerons « améliorent »-ils le cuivre ?

On ne peut pas faire grand chose du cuivre natif, tel qu'on le trouve dans la nature. Dès qu'on tape dessus, il s'aplatit comme de la tôle froissée. Le travail du cuivre n'est vraiment possible qu'une fois qu'on a compris comment transformer le minerai de cuivre en métal modelable : en le chauffant très fort dans un four où est placé du charbon de bois. Cette découverte a sans doute été faite dans un four de potier.

Pourquoi le bronze est-il plus utile que le cuivre ?

Ce métal est un alliage - un mélange - de cuivre et d'étain. Il est beaucoup plus dur et plus résistant que le cuivre. Il se moule plus facilement et les objets en bronze peuvent s'aiguiser. Avec le bronze apparaissent des outils et des armes en métal que l'on peut véritablement utiliser.

Les hommes inventèrent les hauts fourneaux pour chauffer les minerais de cuivre ou de fer et récupérer le métal pour en faire des outils, des armes...

Pourquoi les artisans du bronze gaspillent-ils la cire ?

Ils ont inventé la technique de la cire perdue. Il faut d'abord fabriquer un modèle en cire, l'enduire d'argile et le chauffer. L'argile durcit en gardant la forme du modèle, la cire fond et coule par un trou. On verse alors dans le moule en argile du métal fondu. Ensuite, il n'y a plus qu'à briser le moule pour en extraire l'objet en bronze. Il n'y a encore qu'un seul moule par objet mais la technique permet une production plus régulière, en quantité plus importante.

Comment la sidérurgie gagne-t-elle le bras de fer contre la métallurgie du bronze ?

La sidérurgie est la métallurgie du fer. Ce métal a de nombreux défauts par rapport au bronze : il ne brille pas autant et même, il a tendance à rouiller. De plus, il se travaille beaucoup moins bien… jusqu'à ce que des artisans, dans les environs de la Turquie, se rendent compte qu'il faut chauffer à nouveau le fer sorti du four et le marteler longuement. Le métal obtenu est encore plus dur que le bronze ; il va s'imposer, lentement mais sûrement.

INCROYABLE !

- À Varna, en Bulgarie, on a trouvé dans un cimetière vieux de 6 500 ans des centaines de bracelets, bagues et plaques pectorales en or, placés dans les tombes des personnages les plus importants.

Échanges et conflits

Grâce à l'agriculture, il existe des surplus alimentaires. Cela permet de nourrir des artisans spécialisés dont la production peut être vendue. Le commerce se développe. Mais l'accumulation de richesses entraîne l'apparition d'inégalités. On voit apparaître des chefs mais aussi des bandits. Il y a des attaques de villages, des morts violentes. Avec la métallurgie, les échanges s'accroissent encore, en même temps que les conflits. La guerre fait son apparition.

Pourquoi le plateau de Spiennes est-il appelé « champ aux cailloux » ?

Ce plateau de Belgique était autrefois troué de centaines de puits menant à des galeries souterraines profondes de plus de 20 m. Dans ces mines, on extrayait un silex de belle qualité avec des pics en bois de cerf ou de silex. Au néolithique, le besoin d'outils agricoles est tel que les mines de silex semblables à celle de Spiennes se multiplient. On retrouve leur production à des centaines de kilomètres du lieu d'extraction.

Pourquoi Ötzi traversait-il les Alpes ?

En étudiant le corps de cet homme mort il y a 5 000 ans dans les Alpes, les chercheurs ont constaté que son corps contenait beaucoup de métal. Certains pensent qu'Ötzi, qui portait une hache en cuivre, venait se procurer du minerai dans les mines du Tyrol autrichien pour sa communauté villageoise.

Comment les expéditions commerciales deviennent-elles plus rapides ?

À cause de la roue que les hommes inventent il y a environ 4 000 ans. Les premières roues sont taillées d'un seul morceau dans du bois ou sont faites d'un assemblage de planches. Les marchandises peuvent être acheminées par des chars à bœufs, à quatre roues, mais ils sont encore peu maniables. Le moyen de transport le plus rapide et le plus efficace reste néanmoins le bateau.

Avec l'utilisation du métal, les armes se développent : les épées et les poignards apparaissent.

Pourquoi le bronze favorise-t-il la guerre ?

Il permet de fabriquer des armes redoutables. Les premières épées, comme les premiers casques et boucliers, sont en bronze. Ces armes alimentent les rivalités car leur possession renforce la position du chef et leur commerce assure la richesse des groupes humains.

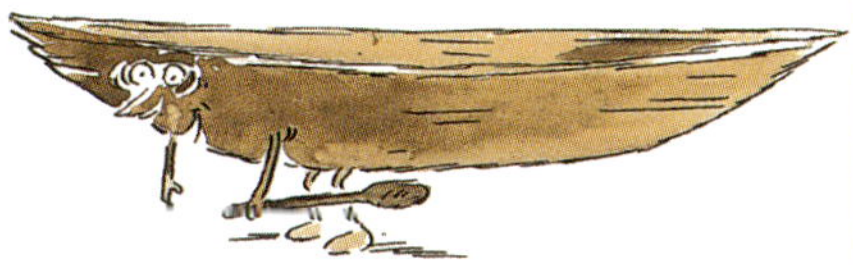

Comment les habitants de Roaix sont-ils morts ?

Les habitants de ce village situé dans le sud de la France actuelle, près de Vaison-la-Romalne, ont été massacrés ! De nombreuses pointes de flèches sont restées fichées dans leurs squelettes. Et les morts sont d'âges très différents. Les préhistoriens pensent donc que le village a été victime d'une guerre.

INCROYABLE !

- Le plus ancien bateau qu'on ait retrouvé est une pirogue taillée dans un pin. Découverte en France, en Seine-et-Marne, presque entière, elle est vieille de 9 000 ans.

Du village à la ville

Il y a environ 6 000 ans, les premières villes naissent au Proche-Orient. Elles sont les héritières des villages d'agriculteurs, comme celui de Çatal Höyük dans l'actuelle Turquie : près de 3 000 ans plus tôt, il compte déjà un millier de familles, soit environ 5 000 personnes. Mais les cités de Mésopotamie, une région arrosée par le Tigre et l'Euphrate correspondant principalement à l'Irak actuel, abritent une société bien plus organisée, dirigée par un roi et une caste de prêtres. Ces villes sont souvent construites au bord d'un fleuve ou à proximité d'une source. L'eau est transportée par des canaux, à ciel ouvert ou même souterrains.

Pourquoi y avait-il tant d'échelles à Çatal Höyük ?

C'est par les échelles que l'on circulait ! Dans cette agglomération située dans l'actuelle Turquie, il n'y a quasiment pas de rues et les maisons sont serrées en grappes les unes contre les autres. Chaque maison est constituée d'une pièce d'habitation et d'une petite pièce de stockage. On rentre dans la maison par le toit en terrasse, en grimpant à l'échelle ; et c'est aussi par le toit qu'on passe d'une maison à l'autre. Pour être tranquille, au lieu de fermer la porte, on retire l'échelle.

Comment les murs de Jéricho l'ont-ils rendue célèbre ?

Un récit de la Bible, le livre saint des chrétiens, raconte comment l'armée des Hébreux fit tomber les épaisses murailles protégeant Jéricho en soufflant dans des trompettes ! Ce qui impressionne le plus les archéologues, c'est que cette cité de la vallée du Jourdain était déjà entourée de murs hauts de plus de 4 m et épais de 3 m il y a plus de 9 000 ans alors qu'elle n'était encore qu'un village.

Pourquoi avait-on oublié les premières villes mésopotamiennes ?

Elles dormaient sous des collines de terre et de sable : les tells. Comme les premiers villages, elles étaient

Représentation libre de l'une des premières villes : Çatal Höyük, située en Turquie.

entièrement bâties en argile. La pluie et les crues faisaient se dissoudre les murs ! Les habitants reconstruisaient sur l'amas de briques et de boue. Au fil du temps se sont ainsi formés des tells. Des archéologues n'ont commencé à fouiller ces masses informes qu'à partir de 1850.

Pourquoi Uruk est-elle considérée comme une des premières villes véritables ?

À Çatal Höyük comme à Jéricho, tous les bâtiments se ressemblent. Uruk, fondée vers 3 700 av. J.-C. en Mésopotamie, possède un temple, perché au sommet d'une tour en escalier appelée ziggourat, ainsi qu'un palais. Le roi, les prêtres et les principaux personnages habitent de belles maisons construites sur des terrasses. Les habitants plus ordinaires habitent de modestes maisons dans la ville basse. Les artisans et commerçants sont regroupés par rues selon leur métier.

INCROYABLE !

- Les plus anciens égouts connus sont ceux de Habuba Kabira, en Syrie : ils datent de 3 100 av. J.-C. Vers 2 500 av. J.-C., la ville de Mohenjo-Daro au Pakistan est entièrement sillonnée par des égouts.

L'invention de l'écriture

- *La préhistoire s'achève avec l'écriture. Désormais, les hommes peuvent raconter leur histoire, laisser à l'intention des générations suivantes des signes écrits, compréhensibles par tous les membres d'une même communauté.*

- *Les premières écritures apparaissent là où sont nées les villes et où prospère le commerce : en Mésopotamie d'abord, il y a plus de 5 000 ans, puis dans la vallée de l'Indus, au Pakistan actuel, en Égypte, en Chine et en Crète. L'écriture chinoise est la seule qui soit encore utilisée.*

Comment est née l'écriture ?

Les premières inscriptions sont faites de pictogrammes, des dessins simplifiés. Chaque pictogramme fait référence à un objet ou à un être. On peut associer plusieurs pictogrammes pour exprimer une idée, ce qui forme des idéogrammes. Plus tard, l'écriture devient phonétique : les signes, de plus en plus simplifiés, indiquent les mots tels qu'on les prononce. C'est vrai même pour les hiéroglyphes égyptiens, si imagés.

Pourquoi faut-il savoir compter avant de pouvoir écrire ?

L'écriture est née de la comptabilité. Il fallait pouvoir enregistrer les quantités de grain stocké. Les commerçants avaient besoin d'identifier et de garder la trace des marchandises échangées. Il aurait fallu une mémoire d'éléphant pour tout retenir. Et plus les communautés grandissaient et s'organisaient, plus le commerce se développait, moins les systèmes de cailloux ou de jetons utilisés étaient efficaces. Les premiers documents écrits, trouvés à Uruk, sont des comptes agricoles.

Pourquoi en Mésopotamie les bibliothèques sont-elles si volumineuses ?

Les textes sont écrits sur des tablettes en argile. Ils peuvent être aussi gravés

dans la pierre. Il y a 5000 ans, les Égyptiens utilisent déjà des feuilles de papyrus, une plante poussant dans les marais.

Comment les scribes sumériens écrivent-ils dans l'argile ?

Ils enfoncent dans l'argile crue un calame : une tige de roseau ou de bois dont la pointe est taillée. Il y a trois types de calames sumériens : à pointe triangulaire, à bout creux ou à bout rond. Avec ces ancêtres du stylo, les scribes laissent des marques ressemblant à des clous, ce qui a donné son nom à l'écriture cunéiforme car “ clou ”, se dit “ cuneus ” en latin.

Les premiers signes écrits apparaissent sur des tablettes d'argile quand le commerce se développe en Mésopotamie.

Pourquoi fallait-il une bonne mémoire pour être scribe ?

Les premières écritures comptent d'innombrables signes : environ 500 pour le cunéiforme et 700 pour les hiéroglyphes.

INCROYABLE !

- Le premier alphabet, composé de 22 signes cunéiformes, vient de Syrie, 1 400 av. J.-C. Il ne comportait que des consonnes comme le phénicien, 1 200 av. J.-C., qui est à l'origine de tous les alphabets européens.